童貞の勝算

川瀬智広

マネジメント社

まえがき

こんなイカついタイトルの本を手に取り、「とりあえず、まえがきだけでも見てみっか」と、今まさに、本屋さんで立ち読みしているあなたへ——。

あなた、だいぶセンスありますよ。あなたの直感は間違ってない。

勇気を出して、女性店員のいるレジに並んでください。

「俺、童貞じゃねーし！」と思いながら、この本に興味を持ってくれているあなたへ——。

安心してください。**これはあなたの本**です。

なぜならこの本は、日本男児である以上、全員が読むべき男磨き大全だからです。

もし、あなたが今、

「過去に彼女くらいいたけど、社会人になってから彼女つくるのに苦戦してる」

「俺の彼女かわいくねぇ？　と周りに自慢できるような、もっと美人と付き合いたい」

「両親から、あんたそろそろ結婚とか考えてないんかね？　と言われるようになった」

そういう状況であれば、この本が支えになります。

もしあなたが今、**彼女いない歴＝年齢という、誰も得しない、超絶いらないレッテルを早く捨てたいのであれば、この本を読むことでそれは現実になります。**

あなたが女性と付き合うために必要な武器や防具、魔法がこの本にはしっかりそろっています。これでもかというほど具体的に、丁寧に書かれています。

ただ、はじめにはっきり言っておきたいのは、**この本は「恋愛本ではない」**ということです。そもそも「恋愛」って、対異性との話で、女性の心はどうだとか、女性はこうすると落ちやすいとか、次元が低すぎるんですよ。

この本の存在意義は、自分に自信を持ち、毎日をイキイキ楽しく生きる日本男児を増やすことです。

◉女性からだけではなく、男として、人としてモテる男性
◉人から尊敬され、感謝され、人に影響を与えられる男性
◉自信と笑顔とワクワクに溢れ、つねに成長し続ける男性
◉人生のチャレンジャーとして、何事にも前向きに挑戦できる男性

もしあなたが、こんな男性像に憧れるのであれば、この本は100億パーセント、あなたのための本です。

この本は、そんなあなたを180度変えてくれます。

今日があなたの新しい誕生日になります。

なぜ僕がここまで言い切れるのか。

今僕は、「男を磨く恋活・婚活学校 BRIGHT FOR MEN」の学長として、**悩める日本男児を劇的に変えるお手伝いをしています**。

BRIGHT FOR MEN と名付けられた、別名「男磨き学校」には、現時点で累計500名以上のメンバーが入学し、日々男磨きに励んでいます。（＊本書の中で、「メンバー」と呼ばせてもらっているのは、すべてこの学校のメンバーのことです）

実際、メンバーが残してきた実績としては、

◉今まで、街コンや婚活パーティーに100回以上出ても、1回も女性とふたりきりのデートにこぎつけられなかった37歳の男性が、僕と出会った3か月後に、1か月に10人とデートをするようになり、その翌月に人生初めての彼女をつくったり

◉東京大学出身、大手ＩＴ企業に勤める超エリートなのにもかかわらず、29年間童貞を貫き続けてしまっていた男性が、無駄なプライドを捨て、素直な学びの実践により、**4か月で人生初の彼女をつくり、コミュニケーション能力が格段に上昇**したり

◉自分のニキビ肌に強いコンプレックスがあり、そのせいでいじめられ続け、30年間ずっと自分に自信が持てなかった男性が、内面と考え方を磨くことにより自信を取り戻し、人生初の彼女をつくったり

◉絶対にモテるであろう超大手上場企業に入社しつつも、営業成績は常に最下位、24年間ずっと彼女もできずに悩んでいた男性が、入学後2か月で彼女をつくったことで自信が芽生え、その3か月後に社内トップの営業成績をとり、ＭＶＰとして表彰されたり

◉明らかにオタク系な雰囲気で、体重も大きく、ロン毛の40歳の男性が、入学後6か月で16キロやせて、**8か月後にプロポーズを成功させ、転職も成功させ、今では幸せな新婚生活**を過ごしていたり

◉船乗りとして年間半分以上上海にいる生活を続け、女性との出会いがまったくなかった29歳の男性が、入学後、効率的に女性と出会えるようになり、半年で電撃結婚を報告してくれたり

というように、僕のところに報告が来ているだけでも、**ここ3年で300人近くのメン**

バーが、人生初の彼女をつくったり、30人以上のメンバーが結婚まで漕ぎつけたり、さらに仕事のパフォーマンスも大幅に改善したりと、大きく人生を変えていっています。

そもそも、なぜ僕が男性向けの婚活学校をやっているのか、その経緯をふまえて、ちょっとだけ僕の自己紹介をさせてください。

僕は、国立大学を卒業後、就職もせずに、吉本興業のお笑い養成所であるNSC10期生として入学しました。当時の同期芸人には、オリエンタルラジオ、トレンディエンジェル、はんにゃなどがいました。

「芸人として成功したい！」と夢を追っていたのですが、3年近くチャレンジして、芸人の夢を諦め、ある会社のアルバイトから、やがてサラリーマンになりました。

入社後は、厳しく愛のある上司の元、ガムシャラに働き、500名のチームをけん引するリーダーになるなど、歴代最短出世を果たしました。

しかし、自分で何かしたいと思い退社。ただ、日本に可能性を感じられなくて、僕はひとり東南アジアに飛び、カンボジアという発展途上国の魅力に惹かれ、カンボジアで旅行会社を立ち上げたんです。約3年半カンボジアで生活し、その間に432人の日本人が、僕が企画したカンボジアツアーに参加してくれました。そこで僕は、ある傾向に気づき始めたのです。

それは、ツアーに参加してくれる日本の男性たちの中に、年々いわゆる草食系男子が増えていったことです。「自分に自信がないんです」「自分をもっと変えたいんです」そんな相談をどんどん聞くようになりました。

そんな中、カンボジアの男たちは、いつも笑顔で、アクティブで、チャレンジャーで、自撮りをSNSに上げまくるほどの自分好き、日本人女性を見つけたと思いきや、カンボジア人男性は寄ってたかって、自分をアピールしにいきます。いわゆる肉食系男子ばかり。自信と勢いのある東南アジアの男性たちと、今の日本の草食系男性たちの違いをマジマジと実感し、**日本男児がもっと元気にならねば！**との思いで、日本に戻りBRIGHT FOR MENを立ち上げ、今日に至っています。

この本は、そんな僕の激動の人生で得た集大成を、すべてぶち込みました。出版社さんにある程度の編集をお願いすることもできたのですが、マジで途中嫌になるほど、全部自分で書きました。

この本を心の底から本気で書けたのも、今一緒に男を磨いているメンバーのお陰です。

ただ僕は、そんな大切なメンバーより、今こうして「まえがき」を読んでくれているあなたより、ひとつだけ絶対的に勝っているものがあります。

それは、「モテたい」という気持ちです。

もし、世界から女性がいなくなるってことになったら、僕は、秒で死を選びます。男だけの世界に生きる意味なんてないからです。この**「モテたい！」という気持ちだけで、今まで生きてきました**。これが僕のウソ偽りのない、唯一の原動力です。


さあ、いよいよ本編がスタートします。

この本の構成は次のようになっています。

第1章は、あなたの**内面**を変える話をします。内面とは、あなたのメンタル、精神的な部分、考え方のことを言います。自分に自信を持てる、自分のことが好きになれる、できる男のメンタルに変えていきます。
第2章は、**外見**についてです。あなたの見た目を劇的に変える具体的方法が書かれています。人は、最初の数秒で判断されます。その数秒を、この章を学んで勝ち取っていきましょう。顔がイケメンじゃなくたって、カッコよくなれることを証明します。
第3章は、**コミュニケーション**の話です。人見知りで悩んでいたり、女性と何を話せばいいか困っているなら、この章はもってこいです。コミュニケーション能力さえあれば、人生何をやってもうまくいきます。コミュニケーションの超基本から、具体的な使い方まで書いてあります。

第4章は、**コミュニケーションの実践編**です。**【川瀬流トーク8選】**と名付けられた、トークノウハウです。実際に女性とどうコミュニケーションしていくかの具体例をたくさん用意しました。読んですぐ実践できることばかりなので、ぜひ一つひとつ確実に使ってみてください。

第5章は、**仕事**の話です。恋愛上手は仕事上手と言われるように、仕事ができない男は100兆パーセント、モテません。この本では単純に仕事のスキルの話だけではなく、恋愛との相互関係をしっかり説明しています。仕事が恋愛に直結する理由がはっきり理解できます。

第6章は、いよいよ**彼女の作り方**についてです。あなたが現在、絶好調に恋愛童貞であっても、恋人がいない期間が長くても、ゼロスタートから3か月で彼女をつくる方法が書かれています。**【理想の彼女をつくる7ステップ】**を用意しています。BRIGHT FOR MEN の集大成がここに詰まっています。ぜひお楽しみに。

「あとがき」を読むころには、きっとあなたは、自分の変化を体感し、これからの自分の人生にワクワクしていることでしょう。

最後に、この本は、僕らしく、ふだん僕が使う言葉、話し言葉で書くことを意識しました。実際、後に僕に会った時、イメージどおりの人だって思ってもらいやすいように。だから、ちょいちょいくだらないことも書いてありますし、僕の赤裸々なバカみたいな過去の話も織り込んでありますので、ぜひ楽しみながら読み進めてください。

さぁ、これからあなたの人生ゲームが始まります。スライムに放つ1打目から、ラスボスを倒すその日まで。どうぞ、じっくりお付き合いください。

川瀬智広

童貞の勝算　もくじ

第1章　内面から別人になれ！

第2章 外見を変えて自信をつけろ！

第3章 コミュ力でイケメンを凌駕せよ！

第4章 【川瀬流トーク8選】を駆使せよ！

第5章 働く理由？ モテるために決まってんだろ！

第6章 3か月で彼女をつくれ！

第1章

内面から
別人になれ！

ありのままの君なんて
誰が愛せるか！

突然ですが、あなたはこんな女性のことをどう思いますか？

B子さん　31歳

B子さんは、31年間彼氏というものができたことがなく、「あーめんどくさっ」が口癖。とっつきづらい性格で同僚もみんな苦手意識を持って付き合っています。

B子さんは定時になったら仕事を切り上げ一目散で帰宅し、家で好きな漫画を見ながら、ポテトチップをボリボリ。食欲旺盛なB子さんは、ビッグサイズのトレーナーを着ていますが、それを10年近く着ているので、すでにヨレヨレ。部屋も親が来るって時にしか掃除もしない状態で、水回りはいつも汚い。食べながらポテチをポロポロ床に落としながら、汚いソファで寝そべって、スエットから少し顔を出した自分のお尻を、ボリボリとかいています。かきすぎて、お尻にはデキモノがぼつぼつと……。

どうですか？

あなたは、このB子さんのことを異性として興味を持てますか？

こんなB子さんのありのままを愛せますか？

おそらくNOでしょう。

では、あなた自身はどうですか？　もしあなたが今まで女性とうまくいった経験がないのに、今の自分のままで「うまいこといかねーかな」なんて思ってませんか？

また、あなたがすでに女性と付き合った経験があるとしても、どんな男性からも興味を持たれる理想的な女性とは、うまくいかないケースがあったんじゃないですか？

じゃあ、どうすれば、理想の女性と付き合ったり、理想のお嫁さんをもらうことができるのか。

RPGゲームを思い出してみてください。

スライムは倒せるけど、メタルスライムが倒せない場合、あなたは何をしますか？

そう、レベルアップをするはずです。レベルが上がらないと、強い敵が倒せないですもんね。

その強い敵というのが、恋愛でいうと「素敵な女性」になるのです。

女性を選ぶな！　選ばれろ！

あなたが、理想の彼女や奥さんを手に入れるために、まず何よりも最初に意識しなければいけないことは、**あなたが女性を選ぶんじゃなくて、まずは女性に選ばれる男にならなければいけない**ということです。

意味わかりますか？　あなたがアイドルや女優さんを選ぶのは勝手です。グラビアアイドルとツーショットチェキを撮って、アルバムに保管し、それをおかずにするのも自由です。

でも、あなたがもしそのような憧れの女性とお付き合いするには、その憧れの素敵な相手から、選ばれなければなりません。

職場でもそうです。役職上げて給料上げたいと思うのは勝手ですが、それを選ぶのは上司です。恋愛でも仕事でも、選ばれる確率が高い男へと、どんどんレベルアップ（成長）していかなければならないのです。

「男を磨く」とここで宣言しろ！

だからこそ、今からあなたがしなければならないのは明確です。

それは、レベルアップという名の**「自分磨き、男磨き」**です。

どのように男磨きをすればいいかは、これからどんどん開示していきます。

その前に、これからこの本を読み進める前に、この場で宣言してほしいんです。

男磨きワーク

今ここで声に出して宣言してください。

「俺はレベルアップするんだ！」

「俺は今より男を磨いて、今より100倍かっこよくなる」と。

今ここで声に出して覚悟を決めてください。

「絶対に変わってやる！」

「これから人生を逆転させてやる！」と。

いかがですか？
自分自身に強く宣言できましたか？
気持ちは固まりましたか？
さぁ、ここから、今から生まれ変わりますよ！

女性を褒める前に
まず自分を褒めろ！

自己否定は、人生の勝負どころで邪魔をする

この本を購入し、今まさに、この本を読んでいるあなたへ。

突然ですが、あなたは、**この本を購入できた自分の素直さと行動力を、自分自身で高く評価してますか？**


毎月１００人以上の男性が、BRIGHT FOR MEN のセミナーに訪れてくれていますが、その男性の方々に共通して言えることの大きなひとつは、**自己肯定感が低い**ということです。


自己肯定感とは、文字通り「自分のことを肯定できる気持ち」です。

では、自己肯定の逆はなんですか？　そう「自己否定」ですよね。


ふだんあなたはこんなふうに自分を思うことはありませんか？

「どうせ俺なんて……」

「俺にはかわいい子と付き合うなんて無理だ」

「俺は何をやってもうまくいかない」

「俺はダメ人間だ」

など、自己否定している毎日を過ごしていませんか？

恋愛でも仕事でも必ず勝負どころが存在します。

誰もが簡単にうまくいっているわけではなくて、ここぞという時に勝負できるかが人生を決めるんです。

例えば、たまたまあなたが、絶世の美女に出会ったとして、少しだけ話すチャンスがあったとして、あなたはその女性に、

「もし今度時間が合えば、一緒にご飯いきませんか？」とデートに誘う一言を発することができますか？

それが勝負どころなのです。今までのように、「どうせ俺なんて……」と思っていたら、絶対にその勝負どころで、デートに誘う一言を発することはできません。

自己肯定感を高めて人生を好転させろ！

①自己肯定感を高めるトレーニング

そんなあなたのために、今すぐ簡単にできて、かつ効果的に、あなたの自己肯定感を高

めるトレーニングをここでご紹介します。

それは、**今すぐ自分を褒める**という方法です。

あなたは今この本を読んでいますが、あなたが今朝目覚めてから、この部分を読むまでの間に、あなたが自分で行った行動で褒められることを思い出してみてください。

あなたが自分のことを褒められる具体的なポイントを探すんです。

ただ、ここが重要なんですけど、自分を褒められるポイントを見つけるのは、全然大それたことじゃなくていいんです。

●10件の商談がすべてうまくいった
●信号待ちのおばあちゃんをおんぶしてあげて、３キロ先の病院まで送った
●ホームレスに全財産の１００万円をあげた

とか、そんなご立派なことじゃなくて、ちょっとしたことでいいんです。

例えば、

●目覚まし時計どおりに起きられた
●今朝ちゃんと朝ご飯をつくった
●出かける前に、靴を磨けた

◉出かける前に、オナニーを我慢できた
とか、そんなちょっとしたことでいいんです。

ほんの少しの自分の頑張りも、ふだんの継続的な行いも、当たり前にやっている習慣も、ちょっとした失敗でさえ、すべて褒められる対象です。

ぶっちゃけ、すべては捉え方次第ですからね。

そして、そんなちょっとした自分に対して、「俺すごい」と褒めてあげることが重要です。

例えばこんな感じです。

「早起きして、洗濯できた**俺すごい**」

「打ち合わせ場所まで迷わず行けた**俺すごい**」

「狙い通りの電車に乗れて、かわいい子の目の前に座れた**俺すごい**」

など、最後に「**俺すごい**」と付けてあげましょう。

②「俺すごい！」と口に出せは効果10倍

そしてそして、もーっと重要なポイントは、そんな自分の行為を、実際声に出して、自分で自分を褒めてあげることなんです。

なぜかというと、脳は、あなたの言動を察知して、そのように感じるように身体に指令を出すからです。

例えば、楽しいから笑うのではなくて、あなたがまず強引にでも笑顔をつくると、あなたの脳が「こいつ楽しんでるな」と判断して、楽しいと感じる感情を作り出し、あなたにその感情を分泌してくれるんです。

だから、あなたが自分を褒める行為を声に出せば、「こいつ、今自分を褒めているから、プラスの感情を与えよう」と気分が高まっていくんです。

では実際やってみましょうか。

きっと、自分の気分がプラスになっていくのに気づけるはずです。

男磨きワーク

次の３つの文章を声に出して、感情をこめてそれぞれ３回ずつ読んでみてください。

「真面目にこの本を読んでいる俺すごい」

「健気に、声に出している俺すごい」

「自分を変えようと思っている俺すごい」


どうですか？　多少なりとも気分が高まってきた感じしませんか？

ではその勢いでもうひとつワークをしましょう。

男磨きワーク

i 今日一日、あなたが自分のことをほんの少しでも褒められることを3個書き出してください。

（例）

◉休みなのに、7時に起きれた俺すごい

◉髪をちゃんとセットできた俺すごい

◉

◉

◉

ii 次に、書き出した項目を、感情をこめてしっかり声に出して褒めてください。

自分のことを褒められるようになると、自分に自信がついてくるので、目の前の女性に対しても、自信を持って褒められるようになっていきます。

「か、か、か、かわいいですね……」なんて自信なさげに褒められたって、女性は「あ、、どうも……（なんか無理してない？）」となってしまいます。

自分に自信がある人は、心から素直に明るく、「○○ちゃんって、ほんとにかわいいよね！　ずっと見てたくなる！」と言えるようになりますし、女性には心から褒めているのが伝わるので、「なにそれやだー！（笑）」とか言いながら、きっと喜んでくれますよ。

どん底から這いあがれ！

今ではこうして偉そうに、「自己肯定感を高めろ！」「自分を褒めろ！」と叫んでいる僕ですが、僕も今までいろんなことを経験してきました。華麗なる大失敗を懲りずに何度もしてきました。

僕のカンボジア時代の話です。

「まえがき」のごとく、僕は上場企業のサラリーマン時代、部下５００人をまとめる責任者として働き、いずれ役員との声をかけられつつも、「俺は独立する！」と29歳の時に意気揚々と退社し、誕生日が来てちょうど30歳になった時に、ひとり東南アジアに飛び込みました。

あの時は正直自分に相当自信がありました。

そして、誰ひとり知り合いがいないカンボジアに、ノリと勢いで飛び込んだものはいいものの、カンボジアのホテルで偶然出会った日本人に騙され、そのせいで全財産を失い金欠になったり、厄介な事件に巻きこまれ、殺されかけて gmail の下書きに遺書まがいのものを書いたり、気づけば放心状態で、まさにどん底の時期がありました。

「ひとりでカンボジアに飛び込んで、俺スゲーって思っていた自分は大馬鹿野郎だ。自分は仕事ができると思っていたのは、上場企業という組織や肩書きに守られていただけなんだ。俺はもう終わりだ。もう日本に帰ってサラリーマンをやり直すしかない。こんなところで死にかけているなんて、俺は最低の親不孝者だ」

と、自分を責め続けていました。自分のことを恥じ、自分が情けなさすぎる毎日。いわゆる「自己肯定感がゼロ」で、自己否定ばかりしていた時でした。

そんなどん底の時、僕の窮地を救った方法がありました。

それは、自己肯定感を高める方法のひとつ**アファメーション**です。アファメーションとは、簡単にいえば、**自分自身に対して行う肯定的な宣言**を意味します。

僕がアファメーションを具体的にどう取り入れたかというと、朝起きた時、鏡の前で、自分の顔を見ながら、「お前にはできる！　お前にはできる！」と何度も何度も唱えるといったものでした。

僕はわらにもすがる思いで、毎朝これをひたすらやり続け、どん底から復活できたんです。

なぜ「俺にはできる！」ではなくて、「お前にはできる！」なのかというと、**鏡の中の自分を客観視することで、もうひとりの自分（他人）が語りかけるという状態になり、より効果的**だからです。

あなたにもすぐできます。自分の気分が落ちているなって思う時ほど、ぜひ実行してみてください。さあ、鏡の前に行きましょう。

男磨きワーク

ｉ次のフレーズの中から、ひとつでもいいので、あなたが言いたいものを選んでください。

「お前にはできる！」
「お前なら、自分を変えられる！」
「お前なら、どんな試練も乗り越えられる！」
「お前なら、理想の彼女をゲットできる！」
「お前なら、３か月で童貞を卒業できる！」

ⅱ鏡の前で、しっかり自分の顔を見て、今選んだフレーズを、声に出して、鏡の中の自分に強く語りかけるように、30回唱えてみてください。

大丈夫です！　あなたなら変われます！　こんな素直に一生懸命に、この本を読んでいるあなたが、うまくいかないはずありません。

その口ぐせを変えろ！

今、この本を書いている僕は、起業家として、経営者として、カンボジアと日本で、通算8年目を迎えています。

上場企業で5年間サラリーマンをしていましたが、29歳で会社を辞めてからの人生のほうが、何倍も楽しくエキサイティングな毎日を過ごせています。

かっこいい男は使う言葉が違う

それはなぜかというと、一番は、刺激的ないい男との出会いをたくさんしてきたからです。サラリーマンの時は、職場が自分の人生のほぼすべてを決めてしまっていましたが、いざ独立し世界に飛び立つと、出会いの質がガラリと変わりました。

世界中で事業をしている経営者や、誰もやらないことに果敢に挑戦する男たち、シンプルにいうと、男として人として超かっこいいと思える男性と出会えるようになっていきました。

そして、BRIGHT FOR MENを立ち上げてからの僕は、年間１０００人近くの童貞男子と会うようになり、彼らとリアルに本気で向き合っていく中で、みんな、心の中では、人生を逆転させたいと強く思いつつ、恋愛や仕事がうまくいかない毎日に日々悩んでいることを知りました。

そんな今までの経験から、「男として人としてかっこいいと感じる男性」と「恋愛や仕事、または両方ともうまくいかない男性」の違いが、わかってきたんです。

その違いで、最も特徴的なのは、彼らが使う言葉です。

基本的に**「男として人としてかっこいいと思える男性」は、肯定的な言葉、ポジティブな言葉、プラスの言葉を使う頻度が高いのに対して、「恋愛や仕事、または両方ともうまくいかない男性」は、否定的な言葉、ネガティブな言葉、マイナスの言葉を使う頻度が高い**んです。

「いや」「でも」「だって」「どうせ」は禁句

その傾向が口癖に現れてきます。

人生がうまくいかず悩んでいる男性が共通して使う口ぐせがあります。

それは、「いや」「でも」「だって」「どうせ」です。

当たり前ですが、それらはすべて否定的な言葉です。

「**いや**、そう言われても口ぐせだから直らないよ」

「**でも**、みんなだいたいその言葉使っているでしょ？」

「**だって**、女性のことは難しいからしょうがないじゃん」

「**どうせ**俺みたいな童貞には無理だよ」

こんな言葉がどこからか聞こえてきそうです。

あなたは、どうですか？


あなたが、いつも一緒にいたいと思う仲間や、彼女や奥さんは、否定的な言葉ばかりの人間か、肯定的な言葉が多い人間か、どっちがいいですか？

そんなん聞くまでもありませんよね。

今後、あなたの使う言葉に意識を向けてみてください。「いや」「でも」「だって」「どうせ」は極力使わないとここで決めてしまいましょう。

自分に金をぶち込め！

あなたは、ゲームは好きですか？

男磨きはＲＰＧゲームに例えるとわかりやすいです。

ゲームで強い敵を倒すために、何を準備しますか？

そうです、武器や防具ですよね。

じゃあ、武器や防具は、どうやって手に入れますか？

そう、防具屋さんでお金を払って購入します。

つまり、男を磨く上でも、**自分を強くするためには金がいる**ということを胸に刻んでください。

生きていくために必要なお金。そのお金にも３つの種類があります。

１つ目は、消費です。お腹がすいたので使う食費、トイレットペーパーがなくなったので買う消耗品費など、生活をするために最低限必要なお金を「消費」といいます。

２つ目は、浪費です。単純にムダ金です。頼みすぎた料理、飲みすぎたお酒、買っても着なかった服、我慢しきれずにまた行ってしまった風俗、それらすべて「浪費」です。

最後の**３つ目が、投資**です。投資にもいろいろありますが、ここでいう投資は、株やＦＸなどの投資ではなく、自分の未来のために使うお金、自分をより強くするための先行投資、いわゆる「自己投資」ってやつです。

男磨きワーク

男を磨く上で必要な自己投資には、どんなものがありますか？

◉

◉

◉

さぁ、どうでしょう。

あなたはふだんどんな自己投資をしていますかね？

では、男磨きのための自己投資をいくつか挙げてみると、

◉ファッションにお金をかけたり

◉1000円カットではなくよさげな美容室で髪を切ったり

◉男らしい身体になるためにジムに通ったり

◉話し方を改善するためにボイストレーニングに通ったり

◉コミュニケーション講座を受けてみたり

◉清潔に見えるためにエステで脱毛をしたり
◉専門的な情報が手に入るコミュニティに入ったり

それこそ、こうして本を読むことも、すべてが自己投資です。

自己投資をケチるな！

あなたがこれから自分にお金を使う上で、ひとつ重要なことを言っておきますね。

ちょっとあなたに質問です。

男磨きワーク

ⅰ　コスパとは、何の略ですか？

◉

ⅱ　自己投資を通して、あなたが出したいパフォーマンスとは何ですか？

◉

iは、コストパフォーマンスの略ですよね。

では、iiはどうでしょう。

そう、あなたが出したいパフォーマンスは、男を磨いて、理想の女性と付き合えるよう素敵な男性になることですよね。それを忘れてはいけません。

多くの男性は、コスパという言葉を勘違いしているように思います。**コストが安いのと、コスパがいいのは全然違います**。

賢くお金を使って自分を磨くのは素晴らしいことですが、効率のよさばかり考えて、結果、行動が遅くなってしまったり、結果何もしないというオチになるくらいなら、いっそのこと、自分を追い込むために、多少無理をしてでも、高いほうを選び、結果に直結させるってのも、ひとつの重要な選択肢です。

僕も自分に相当お金をぶち込んできました。例えば、ホリエモンで有名な堀江貴文さんの時間を買うサービスがあり、当時僕が堀江貴文さんの時間を買った最初の男でした。

その金額ですが、堀江さんとＬＩＮＥでのＴＶ電話をするだけで、30分65万円でした。たった30分で65万円ですよ（笑）。でも、やってよかったって思っています。

逆に、「お金を使いすぎた」「これは一周回ってやらなくてもよかったな」って思うことだってあります。

でも、その経験で気づけることがあるんです。そこでまたひとつ成長できるんです。

それらすべてが男磨きに繋がるし、**無駄になる自己投資はこの世にはない**と僕は断言します。

出会いと環境を変えろ！

僕は、大学2年生まで「彼女」という存在はいませんでした。
今の僕を知っているうちのメンバーには信じてもらえないんですけど､学生時代の僕は、本当にずっと自分に自信がなく、告白する勇気すら出なくて、いっつも男友達と一緒にいる毎日でした。だからって、友達と積極的にどこかに出かけるわけでもなく、記憶が薄い、取るに足らない中学、高校生活でした。

そんな自分を変えたかった僕が、どうすればいいか考えた選択肢が《大学デビュー》でした。周りの友人や知り合いも一気に変わるこのタイミングで、「人生変えたい！」。そう強く思うようになりました。

大学入学後、基本誰もが友達がいない中で、徐々に小さなグループができつつある時期がありました。今の僕をつくっているのは、まさにそのタイミングでした。僕は、予定していた大学デビューを果たすために、どのグループに入るべきか考えました。

「今までとは違う仲間とつるまなきゃいけない気がする」

そう考えた僕は、「あのグループのメンバーは波長が合いそうだな」という、《今までと同じ男たちの輪》に行きかけた自分をしっかりと抑え、《いかにも高校の頃遊んできただろう雰囲気を出している男たちの輪》に勇気を出して入っていったのです。

そのグループの彼らは、中学や高校時代に初彼女をつくったり、初体験を終えていたり、高校時代の彼女と遠距離恋愛になったというメンバーもいました。

そんな彼らから入ってくる情報はとても新鮮で、彼らから女性というものを学んでいきました。そのお陰で、自分もどんどん女性に接しられるようになっていき、都度友達に相談できる環境でした。

ここであなたに伝えたいことは、**今のあなたが出来上がっているのは、今までのあなたの連れによる影響が馬鹿でかい**ということです。

もしあなたが現に今も童貞だとしたら、今までずっとつるんできた仲間や友達が、たまたまゲームが好きだったり、オタク気質だったり、男だけで遊んでばかりだったり、彼女がいないメンバーばかりだったりしただけです。

だからもし、あなたが今変わりたいと強く思うなら、今より大幅にバージョンアップしていきたいと思うなら、**「つるむ仲間を変える」「出会いと環境を変える」ことが絶対条件**

です。

いつも馴れ合いの友達と一緒にいるのではなく、少し気を遣うけれど刺激ある集団、自分が持っていないものを学べそうな環境、女性を理解していそうな男たち、男性から見ても魅力的でかっこいい男性陣の集まり、などなど、そんな人と環境を見つけて、勇気を出して飛び込んでみてください。

男磨きワーク

今のあなたを変えてくれそうな環境はどこでしょう。
あなたが、少し背伸びをしてつるんでみたい仲間やチームを探しましょう。

「そんな仲間や友達が周りにいないから困ってんだよ。いまさらそんな悩み聞けねーよ」って思うなら、「BRIGHT FOR MEN」と検索してください。あなたの居場所はここにあります。

何事も3回までは諦めるな！

ここまで読んできていかがですか？

もうお腹いっぱいですか？

もうひと踏ん張り、今、10秒だけ集中して僕の話を聞いてください。

なぜかというと、今から僕は、この本の中で最高級に大切な言葉を、あなたに伝えたいからです。

この言葉なくして、あなたに勝算はない。

この言葉なくして、あなたは人生のチャレンジャー、成功者にはなれない。

大地をも揺るがす、その言葉とは。

Never Never Never Give up（ネバー ネバー ネバー ギブアップ）

「いやいや、ふつーやん！」って思ったそこのあなた、あなたが知ってる言葉は **Never Give up** でしょ？　僕を、そこら辺の熱血教師と一緒にしないでください。

僕が言ってるのは、**Never Never Never Give up** です。

そう、Neverが3回あるんです。

絶対に！　絶対に！　絶対に！　諦めない

この3回に意味があるんです。

この言葉は、人生のチャレンジャーのあなたにこれから訪れるすべての勝負所で、必ず必要となってきます。

世の中に絶対うまくいく法則なんて存在するわけはなく、仕事も恋愛も常にトライ&エラーの連続です。

「こうすればうまくいく」ってことをいざ試してみても、いきなりうまくいったりしません。嫌なことがあった後、もう辛いなって思った後に、すぐいいことが来てくれるほど、甘くはありません。

頑張って痩せようと思い、ジムに通ったところで、すんなり体重が落ちるもんじゃありません。変わろうと努力してたら、「もうそういうのいいから」って、周りに止められるかもしれません。絶対に大丈夫だと思って告白しても、「ごめんなさい」とフラれるかもしれません。

そんな時に、この言葉を思い出してください。

Never Never Never Give up

何度も言いますがNever は3回。

その意味は、「3回までは諦めずやってみろ、この馬鹿チンが！」ってことです。

◉ジムに1か月行っても変化がなかったとしても、3か月は頑張ってやってみる
◉デートのお誘いを1度断られたとしても、3度までは誘ってみる
◉1回告白してフラれたからと諦めず、3回までは告白してみる

3回までやる意味は、そこまでやって初めて結果が出ることはあるし、もしそこまでやってダメだったら、それこそ気持ちよく諦めがつくものです。

なので、たった1回の失敗をおそれないでください。

いいですか？　**1回目の告白なんて「ハロー♪」なみのご挨拶**です。ボクシングで言ったら、ジャブです。ジャブばかり打ってる場合じゃないですよ！

あの偉大な経営者である稲盛和夫さんも、こんな名言を残されています。

「もうダメだ、という時が本当の仕事のはじまり」

たった1回の失敗、たった1回の後悔、たった1回の既読スルーですよ！　勝負はここからです。

「そうはいっても川瀬さん、やっぱ何度も失敗するのは嫌ですよ。辛いです」

と思うあなた、めっちゃその気持ちわかります。

ただ、失敗という言葉の捉え方を変えたら、その気持ちも変わるかもしれません。

ほとんどの人は、失敗＝「してはいけないもの」「したくないもの」と捉えがちです。

ほとんどの馬鹿チンが、できれば失敗することなく、傷つくことなく、効率よく、最短経路で、限りなくローリスクで、確実な成功を手に入れようとしています。そんな馬鹿チンがあまりにも多いように感じます。


仕事も恋愛も、ゲーム感覚で捉えてみてください。

ゲームって、クリアするまでのプロセスが楽しいからハマるんです。なかなか倒せない敵がいるから、なかなかクリアできないステージがあるから、なかなか解けない難問があるから、時間も忘れてドハマりするわけです。

ラスボスに何度倒されようが、勝つまでやり続けますよね。一度ラスボスに負けたからって、もうゲームやめます？　やめないですよね。

だって、一度負けた（失敗した）って、頑張れば倒せる（成功する）ってことがわかってるでしょ？　そうなんです。失敗の後には成功があるんです。

言い換えれば、**失敗は、成功のひとつ前の駅**なんです。成功という駅に行きたければ、失敗という駅を通過しなければいけません。むしろ逆に失敗という駅が現れたら、喜ぶべきことなのです。

そして、もうひとつ。**失敗とは「ネタ」**なんです。

ネタは、お笑いのネタとして捉えてみてください。

女性にド派手にフラれようが、仕事で大失敗して、翌日からいきなりブラジルに飛ばされようが、それをすべて笑いのネタとして、思いっきり友達に話して笑ってもらえばいい。

そしたらあなたの失敗は誰かの笑顔や元気に変わります。だから、面白い自分の失敗エピソードはどんどん貯めこんでいくべきです。

ネタは武器であり、ネタは宝です。

いいですか？　これから、あなたは人生のチャレンジャーへと突き進んでいきます。その旅の必需品として、**Never Never Never Give up** を常に持ち歩いてくださいね。

男磨きワーク

「Never Never Never Give up」「絶対に！　絶対に！　絶対に！　諦めない！」

と、3回強く唱えてください。

第2章

外見を変えて
自信をつけろ！

家にある服を全部捨てろ！

早速ですが、「家にある服を全部捨てろ！」とはどういうことか？

実際この行動を起こしたのは、何を隠そう、わたくし川瀬智広です。

今この原稿を書いているのは、２０１９年ですけれど、２０１６年の終わりに、家にあった自分の洋服などをすべて捨てました。

大きいゴミ袋で5～7袋はあったと思います。


なぜ僕はそんなモッタイナイことをしたかというと、現在BRIGHT FOR MENのメインスタイリストである尾形靖雄に出会ったからです。

僕は、２０１２年から２０１５年までカンボジアで事業をしていて、２０１６年からは日本でも事業をスタートさせました。

その時は、僕ひとりでBRIGHT FOR MENの原型のようなサービスを始め、メンバーたちに教えていました。

僕はその時のメンバーの質問に、唯一答えられないものがあったのです。

「川瀬さん、オシャレになるにはどうすればいいんですか？　どんな服を買えばいいんですか？」といった質問です。

正直、僕自身がまったくオシャレに鈍感で、オシャレになるという必要性を感じていませんでした。

さすがにそれではまずいと思い、友人の経営者経由で紹介されたのが、メンズファッションスタイリストの尾形靖雄でした。

会ったときは、「この人おねぇ？」って思わせるほど、スキンヘッドでマッチョなくせして、すごいオシャレでメチャ明るい男性だったんです。


オシャレになることについて、そしてオシャレになる必要性に対して半信半疑だった僕は、まず自分で体験してみないとわからないと思い、尾形さんに服を選んでもらいました。

あの日が、**母親以外の人に服を選んでもらった初体験**でしたね。

尾形さんに選んでもらった服は、今まで僕が手に取ることもなければ、目に留めるものでもなく、試着室の鏡の前で、あまりの自分の変化に驚きを隠せませんでした。人の服を選んでお金をもらっている人間の凄みを体感しました。これがプロなんだなと。


選んでもらった服を秒で購入し、その後、尾形さんに選んでもらった服を着て女性とデートに行ったとき、過去、大学デビューしたあの日から、何百回とデートをしてきた中で、女性から一回も言われたことのない一言を言われたのです。それは、

「川瀬さん、オシャレですね♪」でした。

僕は、**オシャレって言われることがこんなにも嬉しい**ことだとは思ってもいませんでした。そして、その日から僕の意識はがらりと変わりました。

「おいおい、オシャレな男はモテるぞこれは」と。

そこから、尾形さんと時間が合えば服やカバン、靴や財布など、身の回りの物をすべて選んでもらい、面白いほど買いまくりました。そして、面白いほど昔の服を捨てまくりました（笑）。

その実体験をふまえ、スタイリストの尾形さんとふたりで始めたのが、BRIGHT FOR MEN なんです。そして、今では、年間２０００名ほどの男性が、BRIGHT FOR MEN のセミナーに参加してくれていて、その参加者の方々に、うちの専属スタイリストたちが服を選んであげるというサービスも提供しています。

ファッションの概念を変えろ！

突然ですが、想像してください。

今あなたは、街を歩いているとします。突然、意味のわからないほど激しいお腹の痛みが、あなたを襲います。

なんだこの痛みは……マジでやばい、誰か……と、助けを求めて周りを見渡したところ、ナースの制服を着た看護師さんらしき人がいます。

あなたは、激痛に耐えながら、看護師さんらしき人に声をかけます。

「すみません！　看護師さん、ちょっと助けてください。お腹が……」

そしたらその女性が一言。

「あ！　私、看護師じゃないんです！　今日これからコスプレパーティーなんですぅ～♪」

なんて言われたらどうですか？

「てめぇ、ふざけんなよ。１回抱かせろ！」って思いますよね。

でも、**あなたはナースの制服を着た女性を看護師さんと思い込んでしまった**だけです。

この例え話であなたに伝えたかったことは、人は、**その人の服装でどんな人なのかを自然と判断してしまう**ということです。

あなたがこれから「街コン」「合コン」「婚活パーティー」「マッチングアプリ」など、理想の相手との出会いを求めていく中で、ほとんどすべての女性と、「初めまして」の状態で会うんです。

「初めまして」の相手に対して、足りないものは「信用」ですよね。
「この人何者？　どこの馬の骨？」って、お互い自然と探り合いをするわけです。

そのため、信用を勝ち取るために自己開示が大切なんですが（自己開示については第4章で詳しく解説します）、それより何よりも大切なのが、**あなたをパッと見た時の印象で、「この人信用できるか否か」一瞬で判断される**んです。

先ほど、僕が昔の服を全部捨てた話をしましたが、捨てる前の僕にとっては、「ファッション＝アクセサリー」といった概念でした。
つまり、あればいいけどなくてもいい。つけたい人がつければいいんじゃん？　俺にはトークがあるから。英語で言ったら「ファッションはあれば better 的なもの」なんて思っていました。

しかし、昔の服を捨てた今の僕にとっては**ファッション＝制服**が基本原則です。

あなたがもし、何かしらの制服を着て働く仕事をしているとしたら、「めんどくせーから今日私服で働こ――」ってなります？　確実に上司に怒られますよね。「お前何考えてんだ」って。

ファッション＝制服です。ちゃんと着なければいけない、しっかり身に着けなければならない、いわゆるmustなものなんです。

オシャレに見せる「3つの感」を取り入れろ!

BRIGHT FOR MENが提唱する、女性から「オシャレですね」って言われるようになるファッションに必要な三大原則をお伝えします。

ファッションに必要な三大原則

❶ **清潔感**
❷ **サイズ感**
❸ **季節感**

ひとつずつ順番に説明していきましょう。

白は清潔感を代表するもの

まずは「清潔感」。

女性は面白いぐらいに「清潔感がある男性がいい」と口にします。僕はこの言葉を何億回聞いてきたんだろうと思います。

言ってしまえば、女性って男性にすべてをささげるってイメージじゃないですか。

捧げる相手が、不潔だったら絶対に嫌ですよね。

触られる手が汚かったら、あなただって嫌でしょ。

なので、**「とにもかくにも清潔感だけおさえておけばいい」**んです。


では、清潔感ってなんでしょう。

「俺は毎日歯を磨いているぜ」

「風呂も毎日入ってるし」

「あそこだって、毎日ちゃんと洗ってるぜ！　いつだって使える準備してんだぜ！」

って人は、確かに「清潔」ではあります。

ただ、その人が清潔そうに見えるかどうかは、別問題です。

ファッションで清潔そうに見せるために必要なポイントは、次のふたつです。

i 色

ii 服のしわや汚れ

ひとつ目の色ですが、例えば、全身地味な色の服を着ている男性と、白いシャツをさらっと着ている男性。どちらが清潔感がありそうに見えます？

そうなんです。まず**「白色って清潔感のカタマリ」**であるって覚えてしまっていいです。

白色だったり、黄色だったり、きれいな青色だったり、**「明るい色を服に取り入れよう」**と意識するだけでかなり印象が変わってきます。明るくきれいなイメージを与えることができるので、清潔感の点からも、決して減点になりません。

ふたつ目は「服のしわや汚れ」。

毎日洗濯していようが、しわしわのシャツじゃ意味がないですよね。シャツの襟もとが洗濯で落としきれていなかったり、脇の下が黄ばんでいたりしていないですか？

めんどくさいかもですが、小まめにクリーニングに出したり、シャツやきれい目のパンツなどは、毎日しっかりアイロンをかけてから着るようにしましょう。

もちろん、変な汚れが服についてたら一発で不潔なので、注意してくださいね。

太った体形があらわでもピッタリを選ぶ

「ファッションに必要な三大原則」、清潔感の次は、「サイズ感」ですね。

サイズ感を言い換えると、「シルエット」という言葉が適していますね。

例えば、あなたの目の前にふたりの女性がいます。

どちらも同じ3サイズの持ち主で、完璧なプロポーションだとしましょう。

ひとりは、大きめのトレーナーを着ています。ダボダボ感があるので、身体のラインがわかりません。

もうひとりは、身体のラインに合わせたニットワンピースを着て、出るとこ出てるスタイルです。

どちらの女性に近づきたいかって言ったら、間違いなく後者ですよね。

サイズ感は、基本的に、

◉あなたの身体つきにキレイに寄り添ったサイズかどうか

◉短かすぎたり、長すぎたり、大きすぎたり、小さすぎたりしないか

が、とても大事になってきます。

例えば、ジーパンだと、アキバ系オタク系男子は、ダボーっとしたサイズが大きめのジーパンをはき、ジーパンの裾も靴の上にガッツリ乗ってしまうくらい長かったりします。

それよりも、細身で、裾も靴に乗らないくらいの長さや、くるぶしくらいに抑えたりすると、スラっときれいに素敵に見えます。

例えば、スーツだと、さえないサラリーマンは、ワイシャツもジャケットもパンツも、基本大きめを着てしまう傾向にあります。「二人羽織でもするのかよ」とツッコミたくなります。**楽だからという理由で、大きめを選んでしまわない**ようにしましょう。

特に太っている人は、自分の体格を隠そうと大きめのものを選びがちですが、それがさらに逆効果になりますので気をつけてください。

体形を隠すよりも、逆にきれい目な服を着て体形を出してしまったほうが確実にオシャレに見えますし、女性ウケもいいです。ぜひ、あなたが着ている服のサイズ感を、確認してみてくださいね。

季節に合わせたオシャレをする

「ファッションに必要な三大原則」――「清潔感」「サイズ感」ときて、最後の３つ目は「季節感」です。

季節感は大きくふたつに分けると、

i　色

ii　素材

になります。

では、ひとつ目の色から説明していきましょう。

日本には、春・夏・秋・冬の季節がありますよね。そこで、質問です。

各季節を想像した時に、何色が頭に浮かびますか?

男磨きワーク

◉春

◉夏

◉秋

◉冬

季節には季節の色がある

いかがですか？　すっと頭に描けましたか？

この季節ごとの色を一瞬で捉えることができる方法があります。

あなたのお持ちのスマホやパソコンで、それぞれ、「春」「夏」「秋」「冬」と検索してみてください。そして、画像をクリックしてみてください。

面白いほど、季節それぞれで色が違いますよね。

◉春なら、桜のピンクや、黄色の花、きれいな緑の草原。

◉夏なら、海の青、青い空と白い雲、

◉秋なら、紅葉の赤や茶色、オレンジ。

◉冬なら、雪の白、白銀のグレー、クリスマスカラーの赤や緑。

など、季節ごとの色をワンポイントでも取り入れることはとても大切です。


例えば、あなたが、花見合コンに行ったとしましょう。

花見とかになると、女性はこぞって、春らしい色のカーディガンやワンピースを着てきます。**女性は常に季節でファッションを楽しみます。**

逆に、男性陣の中に、黒の革ジャン、黒のハンティング帽子、黒のパンツ姿の人がいたらどうです？　明らかに浮いてる感じがわかりますよね。これは季節感を捉えられていない。言い換えると、「ＴＰＯ（時と場所と場合）をわきまえていない」ということになります。大切な人の葬式に、全身白のスーツで行くお馬鹿さんはいないですよね。あなたが葬式に全身白のスーツで行ったら、一緒に棺桶に入れられてしまいます。

「季節感を意識すること＝ＴＰＯをおさえること」に繋がることをここで覚えておいてください。

本当に「色」は重要です。

地味な色の服を着ている男性か、明るい色を取り入れている男性か、女性にとってどっちが話しやすいと思いますか？

あなたが、面白いトークができて、コミュニケーション能力も超高いのであれば、全身黒でもいいでしょう。

でも、あなたが自分のコミュ力やトーク力に自信がなかったら、まずは明るい色を選びましょう。明るい色を取り入れるだけで、あなたのイメージまでも明るく伝えることができます。

ぜひ、**「どの色を買うかで迷ったら、明るいほうを選ぶ」**ってのも、ひとつの方法だと思いますよ。

素材は季節感を表現する

季節感のふたつ目のポイントは「素材」です。

例えば、あっつい真夏に冬用のニットやセーターを着ている人がいたらどうです？

暑苦しくて、蹴飛ばしたくなりますよね。

例えば、寒い冬の日に、女の子が、雪のようなフワフワな素材のニットやコートを着てたりするとかわいく見えないですか？

そうなんです。素材ひとつでも、相手に与える印象は大きく違ってきます。

なので、もし素材に迷ったら、店員さんに「春っぽい素材の服を探してまして…」なんて聞いてみるといいと思いますよ。

シンプル イズ ベストだ！

さあ、ここまで「ファションに必要な三大原則」をお伝えしてきました。

その三大原則すべてに通ずる、すっごい基本的なファッションの考え方は、

「シンプル イズ ベスト」です。

あなたは、もしかして、

◉無地より柄が入っているほうがオシャレだと思っていませんか？

◉白一色のシャツより、ちょっとポイントで柄が入っているほうをオシャレだと思って選んでしまっていませんか？

◉柄のほうが、原価使ってて高そうだからっていう意味のわからないコスパ思考を持っていませんか？

◉個性が強いデザインのプリントTシャツを買って、俺はおしゃれだと勘違いしていませんか？

◉流行りにとらわれすぎて、あれやこれやごちゃ混ぜになってませんか？

柄ものは初心者では着こなしが難しかったり、着こなし方によっては子供っぽく見えてしまうリスクがあります。

なので、「柄やデザインが入っている＝オシャレ」という概念は今すぐぶち壊し、**「シンプル イズ ベスト」「柄より無地のほうが着こなしやすく、オシャレに見せやすい」**ということを覚えておいてくださいね。

さあ、ファッションについて、これまで述べてきたことをおさらいしてみると、次のような感じになるでしょう。

基本、清潔感のあるものが大前提として、次のような着こなしをすれば「オシャレ」な印象を持ってもらうことができます。

◉白地で無地のTシャツ、シャツ、ニット、パンツを取り入れてみる
◉フィット感が出るように体形に合わせたサイズの服にする（ダボダボにしない）
◉季節に合わせて、季節感がある色、素材で、迷ったら明るいほうを選ぶ

外見はファッションが大きな比重を占めますが、ファッション以外にも、「身だしなみ」「髪型」「靴と靴下」「カバン、小物」「体形」など、さまざまなアイテムがあります。BRIGHT FOR MENでは、「男磨き」の重要なポイントとして、これらの詳細について教えています。

男性も女性も、まずは相手をパッと見た印象（視覚情報）で、その人が素敵かどうかを判断します。

その段階で、「この人と話してみてもいいかも」「ちょっと話してみたい」「雰囲気素敵な人だ」と思ってもらい、相手の心をオープンにさせないといけません。

どれだけあなたの内面が素敵でも、一言も話せなければ意味がありません。

外見は、出会いの第一関門！ しっかり改善して華麗に突破していきましょうね。

第3章

コミュカでイケメンを凌駕せよ！

コミュニケーションの本質を理解しろ！

あなたは、こんな悩みを持ってないですか？
◉女性と何を話したらいいかわからない
◉女性との会話の話題がつきないか心配してしまう

このような悩みは、BRIGHT FOR MEN に足を運んでくれた男性の90％以上から聞く悩みなんですよね。では、ここでひとつ、僕から質問させてください。

男磨きワーク

今あなたが、明石家さんまさんの『踊るさんま御殿』を観ているとして、「さんまさんらしいな」と感じる部分を写真に撮るとしたら、さんまさんのどんな様子を撮りますか？

◉
◉

いかがですか？　どんな回答が出ましたか？

例えば、
◉さんまさんが歯を出して笑っているところ

◉さんまさんが棒みたいなものでテーブルをたたいているところ
◉さんまさんが手をたたいているところ
こんなさんまさんが思い浮かびますよね。

ここでなぜ僕が、さんまさんらしい様子を写真に撮ってくれという表現をしたかというと、**さんまさんから言葉をなくしてもらった**のです。

これらの回答は、言葉がなくても成立している、さんまさんらしい非言語コミュニケーションなんです。

言葉がなくてもコミュニケーションは成立する

あなたは、「コミュニケーションは、会話（言葉、言語）で構成されている。言葉がないと成立しないもの」だと捉えていませんか?

残念ながらそれは違います。

そもそも、**地球で生まれている生物の中で、言葉を用いてコミュニケーションをとれるのは人間だけ**です。そうなると、人間以外の生物は、コミュニケーションがとれていないということですか？　それは違いますよね。

ちゃんと雄と雌が交わって、いっちょまえに子孫繁栄できています。生物の中で人間界が一番、童貞率が高いかもしれませんよ。

思い出してみてください。犬は、喜んでいる時どんな表現をしますか？　健気な顔して、思いっきり尻尾を振っていますよね。ゴリラは、どうやって自分が強いことを伝えていますか？　厚い胸板を、自分の両手でウホウホと叩きまくってアピールしていますよね。

彼らからわかることは、コミュニケーションは非言語でも通用するということです。

つまり、**コミュニケーションには、言語と非言語が存在する**という、基本中の基本を、改めて頭に叩き込んでください。

非言語コミュニケーションをマスターせよ！

非言語コミュニケーションが重要である説を唱えたものに、**メラビアンの法則**というものがあります。

人は初めて会った人の印象を決める要素として、次の割合で決めているといいます。

◉その人の見た目や表情などの視覚情報から……………55％
◉その人の声の質や話し方などの聴覚情報から…………38％
◉その人が話す言葉の内容自体から…………………………7％

つまり、非言語で93％、言語で7％ということのようです。

このメラビアンの法則にはいろんな説があるようですが、シンプルに**「話の内容（言語）以外にもっと大切なもの（非言語）がある」**という理解さえしておけばいいでしょう。

「女性と何を話せばいいかわからない」「どんな話題がいいんだろう」と悩むのもわかりますが、それよりも先に、あなたの見た目や立ち居振る舞い、また、あなたの話し方や声質で、あなたが素敵かどうか、信頼できるかどうかを判断されているということです。

それでは、今のあなたの非言語コミュニケーション能力をチェックしてみましょう。

男磨きワーク

次の質問に、現段階のあなたなりの自己評価をしてみてください。
5段階評価です。自信ある、常にできている場合は「5」、まったく自信がない、全然できていない場合は「1」となります。

◉初対面の女性に、笑顔であいさつできる……………	5	4	3	2	1
◉女性に対して、明るく元気に接している……………	5	4	3	2	1
◉女性の目を見て話せる。目を見ても緊張しない……	5	4	3	2	1
◉女性の前で声が小さくならない。明るい声が出せている…	5	4	3	2	1
◉女性の前で、早口にならず、落ち着いて会話ができる……	5	4	3	2	1

いかがですか？

これら5つは、非言語コミュニケーションの基本チェック項目です。この5つの中に、話の内容はまったく関係していませんよね。**女性が、あなたを目で見て判断（視覚判断）しているか、耳で判断（聴覚判断）している項目**です。

女性とコミュニケーションするうえで、まずこの5つを確実にできるようにしていきましょう。話題を増やしたり、トーク技術を身に付けるのはその後です。

さんまさんは話し上手ではない！

これまで、「コミュニケーションには、言語と非言語がある」ということと、「さんまさんらしい一面は、言語ではなく非言語でつくれられている」ということをお伝えしました。

それでは、もう一歩踏み込んでみましょう。

男磨きワーク

もしあなたが突然、『踊るさんま御殿』のゲストとして呼ばれ、あなたの話に対して、さんまさんが、
◉歯を出して笑い
◉棒みたいなものでテーブルをたたき
◉手をたたいてはしゃいでくれたら
あなたはどう思いますか？
◉

さあ、いかがでしょう。

自分の話を、あの天下のさんまさんが歯をむき出しにして笑って聞いてくれるとしたら、

誰もが嬉しいですよね。そんな楽しそうに聞いてくれるのなら、もっとさんまさんに話をしたいと思いますよね。

コミュニケーションは相手を喜ばせること

「コミュニケーションとは何ですか？」という問いに対して、はっきりと言えることがあります。

それは**コミュニケーションとは、相手が喜ぶことをすること**だということです。

①リアクションで人を喜ばせる

さんまさんが行う、棒みたいなものでテーブルをたたくような行為。これを横文字ひとつで言うと、なんという表現になりますか？

そう、**「リアクション」**です。

あのさんまさんのリアクションは、すべてリアクションをされた相手に影響を与えています。相手を喜ばせる行為なんです。

出演しているゲストはもちろん、茶の間でテレビを見ている人たちもひっくるめて、さんまさんがリアクションをしているのを見るだけで、楽しい気分になります。

②さんまさんは話し上手ではない

お笑い界のドンであるさんまさん、世間一般の人は、「話が面白い」「トークや切り返しが上手」など、さんまさんはトークの達人だと思っている人が多いと思います。

でも、ちょっと改めて考えてみてください。

ゲストの話に対して、

◉歯を大きくむき出して最高の笑顔で
◉テーブルをたたいたり、手をたたいたり、大きなリアクションをとり
◉高いテンションでその場や周りを明るくし
◉「ほうほう！」と大きくうなずいたり相槌を打ってくれて
◉「それでどうなったんや？」と前のめりで話を聞いてくれる

そう、さんまさんは、とんでもない聞き上手の達人なのです。

つまり、**聞き上手の人は、相手を喜ばせることができる**ということです。

女性に好きなだけ話をさせろ！

自分のことばかり話す男は嫌われる

先日、先輩の社長に呼ばれて、経営者40名×美女40名という集まりに参加してきました。経営者は各業界で結果を出されている優秀な方々ばかりで、皆さん自分に自信がありそうな雰囲気でした。

僕は、経営者のみなさんがどんなふうにコミュニケーションをとるのか観察していました。すると、結構残念なコミュニケーションをしている経営者がたくさんいることに気づいたのです。

「僕、○○という仕事をしていまして、業界的に○○億円の市場があって」とか、「この社長は、○○業界1位の社長さんだよ。繋がっておいたほうがいいよ」とか、男性の自己紹介や、男性同士の他己紹介が、自分や他人をアピールするものばかり。しかも怒涛のように女性に話し続けているんです。

そんな男性の前で、女性がどんな気持ちなのか。表情を見るだけでも、作り笑顔であることは明らかでした。

このように自分の話ばかりする男性を、僕らは**「怪獣オレガー」**と呼んでいます。「俺が好きなのは…」「俺が思うにね…」と自分の話ばかりしてしまう男性です。

特に、「初めまして」で始まる、まだお互いのことを知らない状況で、まだ相手があなたにたいした興味も示していない中で、あなたが自分のことばかり話をする行為は、間違いなく減点になります。あなたは怪獣オレガーになってはダメですからね！

適正な会話の比率がある

BRIGHT FOR MENには、女性との会話やコミュニケーションにおいて、**会話のキープ率**という教えがあります。

あなたが女性と会話している時に、自分と相手でどのくらいの配分で会話をするといいのか、という基準を表したものです。

先ほど登場した、自分の話ばかりする経営者になると、女性と男性の会話のキープ率は、女性2：男性8くらいになっていたと思います。もちろんその数字はまったく適正ではありません。

では、どのくらいの比率が適正だと考えますか？

男磨きワーク

あなたが理想だと思う会話のキープ率

女性□：男性□

BRIGHT FOR MENで推奨している適正比率は、**女性７：男性３**です。

基本的に、コミュニケーションは相手が喜ぶことをすることであり、**女性は話をしたり、話を聞いてもらうことが好きです。だから、女性に７割ほど会話をさせるイメージを持つことが大切**です。

あなたが、女性と何を話せばいいかわからないとか、話題が尽きるのをおそれる傾向にあるとしたら、まず自分から話せばいいってことではなく、相手にどうやって話をしてもらうか、いかに相手の話を引き出すかのほうに意識を向けていくことです。もし、あなたが女性に積極的に話せるとしたら、自分ばかり話していないか振り返ってみましょう。

「何を話せば」ではなく、
「どう聞くか」だ！

これまで女性との会話やコミュニケーションについて述べてきましたが、ここまでの内容を一言でまとめると、**【What say ではなく How listen】**となります。つまり、**女性に何を話せばいいかではなく、女性の話をどのように聞くか**、ということです。

How listen の絶対法則

How listen については、天才的な聞き上手である明石家さんまさんを先生にしましょう。

女性の話を聞く時は、さんまさんのように

- **素敵な笑顔で**
- **明るいテンションで**
- **相槌やうなずきを大きくして**
- **女性の会話にしっかりリアクションをとり**
- **楽しそうに前のめりで話を聞く**

この5点を**How listen の絶対法則**として、常に意識して取り組んでくださいね。

この法則をふまえて「女性にいかに楽しく話をしてもらうか」そのための会話の方法をこれからご紹介します。

女性の話を引き出す「質問」

女性がより楽しく話をしてくれて、その会話が続くための超簡単な質問をお伝えしたいと思います。それは、

「○○ちゃん、最近ハマっているもの何かある?」という質問です。

ちなみに、今この本を読んでいるあなた自身も、あなたが最近ハマっているものを思い浮かべてみてください。ゲーム、アニメ、バイク、アイドルおっかけ、スポーツ、いろいろ出てくるかと思います。

「では、そのハマっているものの魅力を3つ教えてください」と聞かれたとしたら、簡単に話せそうな気がしませんか?

自分がハマっていることなら、人はベラベラと話ができるものです。

なので、「○○ちゃん、最近ハマっているもの何かある?」という質問をして、その回答に対して、

◉素敵な笑顔で
◉明るいテンションで
◉相槌やうなずきを大きくして

◉女性の会話にしっかりリアクションをとり
◉楽しそうに前のめりで話を聞く

これを合わせ技で試してみてください。女性はさらに話を進めるはずですよ。

女性の話をさらに引き出す「話の掘り下げ方」

次にお伝えするのは、話の掘り下げ方です。ポイントは、いかにひとつの話題を掘り下げられるかです。

先ほど、「◯◯ちゃん、最近ハマっているもの何かある？」という質問をしましたよね。その質問をした時の悪い例をご紹介します。

あなた「◯◯ちゃん、最近ハマっているもの何かある？」
女　性「えー!?　そうだなー。あ！　最近ジムに行くことが好きかも」
あなた「そうなんだー　いいねー」
女　性「あ、うん」
あなた「食べ物は何が好きなの？」
女　性「えー？　食べ物？」

この会話の何が悪いかわかりますか？

それは、せっかく相手が、ジムにハマっているという話をしてくれたのに、その返事を一言で終わらせてしまい、すぐ違う質問に移ってしまっています。これだと絶対に話が続かず、話題切れを起こします。

女性の話を掘り下げていく話法として、**5W1Hで掘り下げる**という基本話法があります。

5W1Hとは、**When, Where, Who, What, Why, How** ですね。それぞれの疑問詞にのっとって、話を掘り下げていく話法です。例えばこんな感じです。

あなた「○○ちゃん、最近ハマっているもの何かある？」

女　性「えー？　そうだなー　あ！　最近ジムに行くことが好きかも」

あなた「お！　ジムか！　いいねいいね！　どこのジム行ってるの？」

女　性「家の近くのところに行ってて！」

あなた「そうなんだ！　家が近いと通いやすそうでいいね！　月に何回くらい行ったりするの？」

女　性「そうだなー、週に3回は行ってるかな！」

あなた「週3回も!?　アスリートじゃん！（笑）ってか、ジム行こうと思ったきっかけって何だったの？」

はい、いったんここまでにしますけど、この後もまだまだ会話が続いていきそうな感覚はわかるでしょうか。

５Ｗ１Ｈの度に疑問詞を使っているのがわかりますよね。

「お！　ジムか！　いいねいいね！　どこのジム行ってるの？」↓**Where**

「そうなんだ！　家が近いと通いやすそうでいいね！　月に何回くらい行ったりするの？」↓**When**

「週3回も⁉　アスリートじゃん！（笑）ってか、ジム行こうと思ったきっかけって何だったの？」↓**Why**

特に女性との話題がなくなるのがこわいと感じている人や、自分の会話の引き出しや質問力に自信がないのであれば、まずは、**ひとつの話題で、できる限り掘り下げてみる**という意識で会話を進めてみてください。

What she wants?
だけを考えろ！

女性を喜ばせる思考法

コミュニケーションとは相手が喜ぶことをすること

このコミュニケーションの本質にのっとり、じゃあどうすれば女性を喜ばせることができるかを、考えていかないとですよね。そのための超大事な思考法は、**「I want ではなく、What she wants」**という思考法です。


常に自分の願望ファーストで考えるのではなくて、

◉彼女は何を求めているのか？

◉目の前の女性は何をほしがっているのか？

◉婚活パーティーに来ている女性はどんな出会いを求めているのか？

◉この女性は、お互いを知るためにどんな会話をしたがっているのか？

等々、常に主語は相手であり、相手の want を満たすのが、我々男性であるというスタンスでいることが重要です。


彼女が何を求めているのか？

それに対して自分は何が与えられるのか？

どんな自分であれば満たしてあげることができるのか？

ここまで考えられる男性は、間違いなくモテますよね。

これは、もちろん恋愛においてだけではなく、ビジネスシーンでもまったく同じことです。大切なのは**Give思考**なのです。


僕が、ノリと勢いで東南アジアにひとり旅に出かけたのは、ちょうど30歳になったばかりの時でした。

ドキドキしながら足を踏み入れたカンボジア。もちろん現地に知り合いなどひとりもいるわけもなく、日本人がどこにいるかすらわからない状況。

そんな中、ホテルでたまたま会った日本人に僕はうまいこと騙されてしまい、当時の全財産250万円を失いました。

うまい話に乗ってしまったのです。今思えば、あの時の僕は、完璧自分のこと、自分の欲しか考えていなかったんです。

◉これで俺はカンボジアで成功できるかもしれない
◉芸人時代は目立てなかったけど、これで有名人になれるかもしれない

◉カンボジアでお金持ちになれるかもしれない
◉そうなったら超かっこいい。絶対モテる！

まさに、**I want のカタマリ**だったんですよね。

騙されていたと知ったばかりの当時の僕は、それはそれはその相手を責めていました。

毎日のように周りに愚痴や文句ばかり言っていました。そして、そんな自分がどんどん嫌いになっていきました。


そこで僕は考え方を改めようと思ったのです。

騙された騙されたと言っているけど、騙されたのはすべて相手のせいではなく、自分のせいだと。

自分の欲を満たすような人生を送ろうとするからこういった目にあったんだと。

今後は、何か選択に迷った時は、**与える（Give）**ほうを選ぼう。

そして、騙されるほどレベルが低かった自分、そんな話を真に受けてしまった愚かな自分、そんな自分自身が成長しない限り、明日はないのだと。大切なのは**自己成長（Grow）**だ。そう思い、付けた社名が、**株式会社 GiveGrow** です。

カンボジアでどん底の時に、それでもこのままで終わらせたくない、もう一度頑張りたい、そう決意し、自分の覚悟と共に決めた社名です。

あなたは商品――買ってもらえるかどうかだ

あなたも今勤めている会社で、何かしらのサービスを世に提供しているはずです。そのサービスを提供して、相手が喜んでもらえた対価としてお金が支払われています。

恋愛だって同じことです。

◉あなたは女性に何が与えられるのか
◉あなたが好意を抱いている女性は、どんな男性を求めているのか
◉あなたは目の前の女性をどうやって楽しませてあげることができるのか

あなたが今の職場で扱われているサービスや商品はあるかと思いますが、恋愛では、誰が商品ですか? そうです、**商品はあなた自身**なのです。

だから、あなた自身を女性に買ってもらわなければいけない。

そのために、**まず僕ら男性は、サービスを提供する側として、女性のWantを満たして**

あげることにコミットすればいいんです。

プレゼント理論

「そんなふうに相手に与えてばっかだと辛くないですか？」

そう思うかもしれません。では、ちょっと考えてみてください。

あなたは、プレゼントをもらう時と、あげる時、どちらが嬉しいですか？

これだけ聞くと、そりゃ、もらう時だろと思うかもしれません。

でも大切な人や、大好きな女性にプレゼントをあげることを想像してみてください。何をプレゼントしたら喜んでもらえるかな？って必死に考えますよね。選ぶ時間もけっこう使いますよね。それだけ真剣に相手のことを考えて選んだプレゼントを渡したときに、相手から『え⁉　これチョーほしかったやつだー！　マジで嬉しいー！』なんて言われたら、めちゃくちゃ嬉しくないですか？

僕はこれを**プレゼント理論**と呼んでいます。

Giveをすることって、相手も喜ばせることができるし、それ以上に自分にも喜びが返ってくるものなんです。**与えた者だけが最後に笑える**んです。

第4章

【川瀬流トーク8選】

を駆使せよ！

第3章はコミュニケーションの基本的なことを解説しましたが、これから実践で使えるコミュニケーション術を伝授していきます。題して【川瀬流トーク8選】です。

僕は、人を楽しませるお笑い芸人時代、部下500人をまとめるサラリーマン時代、異国の人たちと生活するカンボジアでの起業時代を通して、僕なりにコミュニケーションスキルを磨いてきました。そのポイントを8つにまとめたものです。

先にお伝えしておきますが、これから述べる8つのポイントは、それぞれを単発で理解するのではなく、「合わせ技」だと捉えてください。つまり、①と⑤と⑦だけできればいい、ではなくて、①×②×③×④×⑤×⑥×⑦×⑧の掛け算によって、大きな効果が出るものだと認識してください。

【川瀬流トーク8選】

❶テンション・リアクション

❷バックトラック

❸会話のキープ率

❹自己開示

❺褒める
❻３Ｋ
❼共通点探し＆合わせ
❽ユーモア

川瀬流トーク８選

その１「テンション・リアクション」

第３章で「さんまさんは話し上手ではない」と述べているように、トークの基本は女性の話を楽しそうに聞くことが必須条件となります。

◉素敵な笑顔で
◉明るいテンションで
◉相槌やうなずきを大きくして
◉女性の会話にしっかりリアクションをとり

◉楽しそうに前のめりで話を聞く

この5つの聞き上手ポイントをまとめた言葉が、**テンション・リアクション**。もちろんこれは、相手のために行うテンション・リアクションです。

男磨きワーク

では、質問です。
あなたが、飲食店へ女性とデートに行くとしましょう。
お店であなたがとれそうなリアクションのポイントを挙げてください。
(例)店内に入った時に、○○に対して△△のようなリアクションをする
◉
◉
◉

さぁ、しっかり考えられましたか？　5つ以上答えられた人は、ふだんからリアクションがとれていたり、想像力のある人だと思います。
ではリアクションのポイントをいくつか見ていきましょう。

まず、リアクションをとれるポイントは、前に述べた、非言語コミュニケーションを思い返してみてください。

女性はあなたのことを、視覚や聴覚で判断すると解説しました。これに味覚、嗅覚、触覚が加わると、まさに五感を使っての非言語コミュニケーションになります。この五感をひとつひとつ意識することで、リアクションをとれるポイントがわかってきます。

わかりやすいように、会話形式にしてみます。

■店内に入った時

視覚「おー！　すごいオシャレだね。ここ！」

聴覚「めっちゃにぎわってるね！」

嗅覚「ねぇ、もう何かいい匂いしない！？」

■席に座った時

触覚「この椅子、すごいフカフカで気持ちいい！」

触覚「大丈夫？　寒くない？」

■メニューを見ている時

視覚「すごい！　ビールだけで10種類以上もあるよ！」

視覚「今日のおすすめだって！　どれも旨そうで迷うなー！」

■料理や飲み物が届いた時

視覚「うぁ！　めっちゃ美味しそうじゃん！」
聴覚「（鉄板の上の肉がジュージュー）この音がたまらんのよね！」
嗅覚「すごいいい香りする、このワイン」
味覚「やば！　超おいしい!!　どう？」

このように、**目で見た時、耳で聞いた時、匂いがした時、何かを食べた時、何かに触れた時、そのすべてに敏感になって、その時に感じたことをシンプルにそのまま言葉に出す**。

これがリアクションです。そのリアクションの表現を、明るい声（テンションとトーン）で発することを忘れずに。

もし、まだまだテンションを上げたり、リアクションしたりするのに苦手意識があったり、慣れていないあなたは、周囲の元気な女性をリアクションの先生として見てください。まずは彼女たちのテンションやリアクションを見て、それと同じようにするだけでもいいと思います。

ある程度、明るいテンションやリアクションをすることに慣れているあなたは、女性も初回デートなどは緊張しているので、その緊張を解いてあげられるように、**自分のテンション・リアクションで女性をリードしていこう**、という意識で接してあげられるようになったら完璧です。

川瀬流トーク８選

その２「バックトラック」

「バックトラック」というのは、ケツをとる、オウム返しを意味します。

相手との会話中に、相手の会話を復唱するようなイメージです。

例えば、バックトラックをしないとどんな会話になるでしょう。

あなた「好きな料理は何ですか？」

女　性「パスタが一番好きです」

あなた「そうなんですね」

女　性「あ、はい」

あなた「で、ご趣味は？」

これだとトークが続きません。まったく面白くない会話になります。

「会話はキャッチボール」だというのを、あなたも聞いたことがあると思うのですが、会話が苦手な男性が陥るのが、そのキャッチボールを自分で止めてしまうことです。

そうならないために用いてほしいのが、**バックトラック＋α**です。

女　性「パスタが一番好きです」

あなた「お！　パスタ！（バックトラック）　どんなパスタが好きなんですか！？（＋α）」

のように、**バックトラックをした後、相手へ会話のキャッチボールが渡るように、＋αとして疑問文で返すことがとても大切**になります。

女　性「パスタが一番好きです」

あなた「パスタですか！（バックトラック）　僕も好きです！　美味しいですよね！」

ちなみにどんなパスタが一番好きですか？（＋α）」

のように、＋αでしっかり共感して、最後、疑問文で返せるとなおいいでしょう。

人はバックトラックをされると、自分の話を聞いてもらっている、受け入れてもらっているという喜びや安心感、信頼感を抱きます。

バックトラックを意識したことなかったというあなたは、これを機に、女性からの安心感、信頼感を得てもらうためにも使ってみてください。ただ、すべての会話に対して使われるとわざとらしすぎ、逆に不快に感じさせてしまいます。**意識的には50%前後の感覚でバックトラック**をしてみてください。

バックトラックという言葉をすでに知っていた、または意識して使っていたというあなたは、ただオウム返しするのではなく、そこに**テンション・リアクションを掛け算すること**を意識してください。その掛け算によってより会話が楽しくなっていきますから。

川瀬流トーク8選

その3「会話のキープ率」

第2章でも取り上げましたが、3つ目は**会話のキープ率**です。

BRIGHT FOR MENで提唱している会話のキープ率は、**女性7：男性3**です。

もちろん、「ぴったり7対3でなければだめだ！」というわけではなく、大切なのは、会話中にもうひとりの自分を空中に存在させることです。会話をしているあなたとそのお相手の女性を、客観的に見ているもうひとりの自分の存在を用意することです。

その存在を用意することによって、自分の会話の状況を冷静に判断していく癖をつけていきましょう。


ちなみに、会話のキープ率が7：3とありますが、女性の7はわかったが、男性の3はどういう会話をすればいいかというと、男性の3の中には**「自己開示」と「褒める」という要素を入れ込むことが重要**です。どちらもこの後に出てきますのでお楽しみに。

また、この会話のキープ率は、ビジネスシーンでも意識していく必要があります。

例えば、あなたに部下がいるとしたら、基本上司のほうが話しすぎになってしまう傾向にあります。上司ばかり話すと、部下の本当の気持ちや考えなどは拾えなくなってしまい、良好な関係からは遠ざかる一方となってしまいます。

「部下に話させよう！　部下の意見を聞こう」という意識を忘れないでください。

川瀬流トーク８選

その４「自己開示」

突然ですが、次の会話の中で、あなたがどう答えるかを考えてみてください。

男磨きワーク

設定は、何かしらのパーティーでお互い初対面だとしましょう。
あなた「お仕事は何をされていますか？」
A　子「都内でOLをしています。あなたは？」
あなたはどう回答しますか？

◉

続いて、あなたは別の女性に話すとします。
あなた「お仕事は何をされていますか？」
B　子「神奈川県の厚木市ってご存知ですか？　私は厚木市の市役所で受付の仕事

をしています。市役所入ってすぐのところにいるんです。あなたは？」

◉ あなたはどう回答しますか？

A子さんとB子さんへの質問内容は、まったくもって同じ。「お仕事は何をされていますか？」でした。その質問に対するA子さんとB子さんの回答の仕方は違っていました。

A子さんかB子さん、単純にどちらに対してのほうが、あなたがより答えやすいでしょうか？　もちろんB子さんですよね。なぜなら**B子さんのほうがA子さんよりも自己開示している**からです。

A子さんへの回答「都内でOLをしています」に対してだと、「僕も都内で会社員をしています」と答えたくなりますよね。でも、B子さんへの回答に対してなら、「神奈川県厚木市の市役所で受付しています」に対して、「僕は、渋谷のマークシティの中にある○○っていうIT企業で働いています。ちなみにこのアプリつくっているのうちの会社なんです！」と、より具体的に答えやすくなります。

これは、相手の自己開示に対して、**返報性の法則**が働いています。返報性の法則とは、単純に何かをもらったらお返しをせねばと感じる人間の心理です。

もうひとつ、なぜあなたがB子さんに対してのほうが、より具体的な回答をしやすかったかというと、A子さんよりB子さんのほうが信用できたからです。

BRIGHT FOR MEN のセミナーに参加してくれる人のひとつの共通点としてあるのが、**過去に「同じ学校、同じ職場、友達の紹介」で知り合った女性とはお付き合いしたことがあるが、「街コン」「婚活パーティー」「マッチングアプリ」での出会いだと、なかなかうまくいかない**という傾向です。それはなぜかわかりますか？

男磨きワーク

◉「同じ職場」「同じ学校」「友達の紹介」の出会いにあって、「街コン」「婚活パーティー」「マッチングアプリ」での出会いにないものは何か。その共通点を答えよ。

さぁ、いかがでしょうか？

では、回答してみましょう。

ひとつ目の共通点は、**信用（安心感）**です。

例えば、あなたのことを一番よく知っている親友に、「お前に合いそうな女性を紹介してあげるよ。お前の好み知ってるから、きっと気に入ると思うよ」と言われたらどうでしょう？　思いっきり信用しますし、安心しますよね。

同じ学校や同じ職場も同様です。人は同じ環境にいる人に対して、なぜか当たり前のように信用と安心を抱きやすくなります。

もうひとつの共通点は、**時間**です。

どんな時間かというと、相手とかかわれる時間です。同じ学校や同じ職場であれば、会ったり会話できる時間がたっぷりあります。

しかし、あなたが初めて婚活パーティーに行ったとしたら、初対面の相手に対して信用があるわけないし、女性ひとりひとりと話せる時間はたった5分程度しかない場合もあります。

このように、**あなたは、信用と時間がない中で、恋活や婚活を進めていかなければなりません。**

そこでまず、初対面の相手や、見ず知らずの相手の信用を勝ち取っていく方法として、**自己開示**が必要になります。では自己開示の例を挙げてみますね。

①相手に答えてもらいたい内容を自分が先に質問する

相手が答えやすくするために、自分からその質問の答えを示す方法です。

あなた「僕、お肉が一番好きなんですけど、○○さんは？」
女　性「私もお肉大好きです！」
あなた「じゃあ、今度一緒に焼肉いきましょう！」

簡単でスムーズですよね。

では、次の事例はどうでしょうか？

【悪い例】（まだ仲が深まっていない女性に対しての突然のＬＩＮＥ）
あなた「○○ちゃん、今どこにいるの？」
女　性「……」（え？　急に何？　ちょっと怖いんだけど）

【自己開示を使用した場合】
あなた「俺恵比寿で友達と飲んでいるんだけど、○○ちゃんは今どこにいるの？」

女　性（今銀座で友達といるし、誘われても断りやすいか）「今、銀座で友達といるよ！」

【解説】

この場合、女性にとって、まだ関係構築ができていない男性から、急に「今どこにいる？」と聞かれると、恐怖心に近いものを覚えます。また女性として、いきなり聞かれて嫌な質問がいくつかあります。住んでいるところや職場の詳しい場所はその代表的な例です。そこで、まず自分から開示することで、相手が安心して答えやすくなる状況をつくります。

②相手の回答に共感し、「じつは」で自己開示を強くする

会話のキープ率7：3を意識しつつ、女性の回答の後に、自分の話も入れ込んでいきます。また、相手の回答と自分の回答に共通点があったりしたらチャンスです。しっかり共通点を主張した開示をしていきましょう。

女　性「私、最近紅茶にハマってて」

あなた「え？　ほんとですか？　じつは僕も今紅茶にハマってて！　表参道に紅茶専門店ができたみたいで、そこ行ってみたくて」

女　性「え？　興味あります！」

あなた「ぜひ、一緒に行きましょう！」

【解説】

自己開示をする時に、「じつは」を頭に付けると、ぐっと開示している感が増します。「じつは俺もそう思ってたんだよね」「じつは俺もパイナップルが一番好きなんだよ！」など、「じつは」が付くだけで、話の内容はたいしたことない場合でも、ぐっと開示されたように感じ、より共感の効果、自己開示の効果が出てきます。

最後に、自己開示をするうえでの注意点をふたつ紹介します。

■自己開示の注意点　その１

「自己開示＝自分の話をベラベラと話す」のではありません。

会話のキープ率７：３を意識することを忘れないでください。

■自己開示の注意点　その２

何もかも自己開示すべきではありません。

自己開示とはいっても、「相手に引かれるレベルの話」は避けてください。

◉「朝よく寝坊して会社に遅刻しがち」といった自分のだらしなさが伝わりすぎる話

◉「じつは昔、一瞬だけチカンしたことあるんだよね」といった、女性に引かれるしかないような失敗談

自己開示の目的は、何よりも「女性に信用や安心感を与えるためのもの」です。

このポイントを外さないようにしてくださいね。

川瀬流トーク8選

その5「褒める」

ちょっと本を読むのをやめて、近くに女性がいないか探してみてください。

男磨きワーク

今から10秒以内で、その女性の褒められるポイントをできる限り見つけてください。

◉◉◉

いかがでしたか？　10秒は一瞬です。

あなたはいくつ褒めるポイントを見つけられましたか？

5つ以上褒められた人は、褒め上手であり、褒める習慣がついているほうだと思います。

僕が、女性とのコミュニケーションで一番大切だと思うのが、女性を褒めるという行為です。「褒めたほうがいい」というレベルではなく、「褒めなければいけない」というくらいの必要度です。

「女性を褒めることは女性に対する礼儀である」「朝の『おはよう』と女性への『かわいい』はイコール」だと断言できるほどです。

とは言いつつも、うちのメンバーに、女性を褒めることについて聞くと、「俺なんかが褒めても、相手は嬉しくないだろう。逆に嫌われそう」という声をよく聞いてきました。

あなたも共感する部分はありますか？

しかし、メンバーたちはBRIGHT FOR MENの女性講師から「褒められて嬉しくない女性なんていない」「積極的に褒めてあげて」といった、リアルの女性の声を聞き、褒めることに対する必要性を学んで、褒め上手へと徐々に成長していくんです。

①「褒め」のポイント

では、褒め下手のあなたがより上手に女性を褒められるポイントをいくつかお伝えします。まず、女性を褒めるポイントは、大きく分けて3つ。

i 外見
ii 内面
iii その人の個性やしぐさ

i 外見の褒め方

まず、外見についてですが、外見は大きく分けてふたつあります。《もともとの外見》と《努力した結果》のふたつです。

《もともとの外見》とは、生まれながら備わっているもの。端的に言ってしまえば、両親の遺伝子のお陰的な部分です（笑）。褒める部分としては、顔が小さい、笑顔が素敵、目が大きい、鼻が高い、唇が素敵、肌が白い、髪質がきれい、身長、足が長いなどです。

《努力した結果》とは、女性が自分を磨くために、もっと奇麗になるために、お金をかけている部分です。

◉肌がきれい（日々の習慣のよさ、エステなどの結果）※生まれ持った肌質もある
◉爪のネイルがかわいい（ネイルサロン等）
◉スタイルがいい（日々の習慣、ヨガやジムでのトレーニング）
◉髪型、髪色（美容院）
◉歯がきれい、白い（歯のクリーニング、ホワイトニング）
◉ファッションや付けている小物（オシャレの追求）

■外見を褒める際の注意点

元々の外見を褒めることは大事なのですが、逆に褒めたポイントがその子のコンプレックスである場合もあります。

例えば、「目が大きいね」と褒めたら、「大きすぎだなって、昔からコンプレックスなの」とか、「身長高くて素敵ですね」と褒めたら、「もっとちっちゃい子に生まれたかった」とか。ですので、あえて外見の特徴が強い部分には触れないか、褒めた後の場合なら、**「僕はすごい素敵だと思うよ！」と、そのコンプレックスを肯定してあげるといい**かなって思います。

元々の外見よりも、努力した結果を褒めてあげたほうが女性は喜んでくれやすいんです。よりきれいになるために努力している女性の承認欲求を満たしてあげることができるからです。

ⅱ 内面の褒め方

続いては、内面です。内面も大きく分けてふたつあります。「キャラや性格」「考え方や行動」です。

キャラや性格で褒めるポイントを挙げると、明るい、穏やか、人見知りしない、誰とでもフレンドリー、怒らない、しっかりしている、家庭的、癒し系……など。

考え方や行動を褒めるポイントとしては、仕事に対しての考え方（お客様志向、人の分まで働く、妥協しない、仕事が好き）とか、前向き、誰にでも笑顔、夢を追っている、勉強熱心、美意識高い、人生観、価値観……など。

■外見と内面のギャップを褒める

「ギャップを褒める」という方法があります。

例えば、外見と内面のギャップなどです。

「○○ちゃんって、見た目は派手かもだけど、実際彼氏には尽くして家庭的そう！」

「○○ちゃん、仕事ではバリバリ働くキャリアウーマンだけど、ほんとはけっこう甘えん坊な雰囲気が素敵だと思うよ」

など、「こう見えるけど、実際はこう」という褒め方は、女性には嬉しいポイントです。

特に美人な子は、だいたい外見を褒められることのほうが多いので、逆に内面を重要視して褒めてあげると、「私のことしっかり見てくれてるんだ」となり、あなたを信用してくれやすくなります。

「え？　そんなこと初めて言われた！　嬉しい」と言ってもらえるような褒め方ができたら、あなたはかなり優秀です。

iii　特有の個性やしぐさ

最後のひとつは、その人の持つ「個性」や「しぐさ」です。

◉名前（珍しい名前、素敵な名前）
◉声（癒し系な声、声優さんのような声）
◉素敵な笑顔
◉変わった経歴や職業、人生経験
◉ハーフやクウォーター

●髪をかき上げるしぐさ
●足を組むしぐさ
●歩き方や座り方

などです。

②褒めるタイミングは、出会って10秒以内

この項の最初に「10秒以内に褒めるポイントを見つける」というワークを行いました。もし10秒以内に見つけられれば、それをすぐに褒めてほしいのです。

例えば、お互いが「初めまして」で会う場合、相手も緊張していたり、「私で大丈夫かな」と心配していることもあります。その緊張や心配をほぐすためにも、出会って10秒以内で褒める習慣は大切です。


「そのカバン、素敵ですね！　すごいいい色！」

「小百合さんっていうんですか？　へぇー素敵な名前ですね♪」

「そのネイルかわいいですね」

「そのピアスかわいいね！　雰囲気に合ってる！」

「すごく可愛らしい声ですね」

このように、**会ってすぐ褒められるポイントとしては、ファッション、持っている小物、付けているアクセサリー、ネイル、名前、声など**が挙げられます。

今まで一度も女性を褒めたことのないあなたは、いきなり女性を褒めることに抵抗があるかもしれませんので、ご両親やご兄弟、おじいちゃん、おばあちゃん、仲のいい友達、職場の上司や部下など、身近な人から、簡単なことでいいので褒めてみる機会をつくってみてください。

そうして相手の喜んでくれる反応が見られるようになると、どんどん褒める癖や習慣がついてくると思いますよ。

褒めるのが上手になってくると、女性から「そうやってみんなに言ってるんでしょー！」と言われるようになります。

そこまで行くとチャラく見られるのではと心配になるかもしれませんが、逆にその言葉は「あなたが褒め上手である」ということの裏返しでもあります。その言葉を言われることを目標に頑張ってみてください。

女性を褒めることに抵抗のないあなたへ。

外見以外に、その子特有の考え方や個性、ギャップ、頑張っているところなど、一般の男性がほとんど気づかないだろう、あなただけが見つけられるポイントを褒めることによって、他の男性とは違うという完璧なる差別化ができます。女性により興味を持って女性のさまざまな部分を観察していってくださいね。

川瀬流トーク8選

その6「3K」

続いては、3Kについてです。高身長、高学歴、高収入の3Kではなく、女性の話を受け答えする場合に大切な3つのKがあるんです。その3つのKとは、

i 肯定
ii 共感
iii 興味

です。順番に説明していきましょう。

i 肯定する

あなたは、女性と男性の会話の目的が違うというのは聞いたことありますか？

会話はキャッチボールだと言われますが、例えば女性同士のキャッチボールはこんな感じです。

「まみー、今日いい天気だねー！」

「そうだねー！　キャッチボール楽しいねー！」

というように、単純にお互いがボールを投げ合っているそれだけの行為を楽しんでいます。つまり**会話そのものを楽しみます**。

また、第3章でも述べましたが、女性は話を聞いてもらいたい性質があります。せっかく聞いてもらえるなら、否定されるよりも、その話を「うんうん」と肯定して聞いてもらったほうが嬉しいのは言うまでもありませんよね。

しかし、なかなか肯定して会話を受け入れる習慣がついていない男性が多いのも事実です。

男磨きワーク

◉キャッチボールをするには、道具は何と何さえあればできますか？

◉

そうです。ボールとミットです。

ところが、時にミットではなくバットを持っている男性がいます。話をミット（肯定）で受けとめず、バット（否定語）で打ち返すような人です。

「いや、俺はそれ違うと思うよ！」

「そうじゃなくて、もっとこうしたほうがいいよ！」

など、**否定語はもちろん、過度なアドバイスも女性は求めていない**んです。

まずは相手のボールを一度自分のミットに入れてみて、「なるほど、こんな球投げてくるんだな」と受けとめることが大切です。

女性は、

◉会話自体を楽しみたい

◉会話を聞いてほしい
と思っています。この2点を叶えるために、僕ら男性は、

「なるほどー！」

「確かにそれはあるよね！」

と肯定の相槌を入れてあげるだけでいいんです。

それによって女性も続きの会話がしやすくなるので、続けて「うんうん」と優しく聞き入れてあげてください。

また、会話内容自体にあまり意味を持たないのが女性の会話の特徴なので、

「で、結果、何が言いたいの？」

「その話、必要だった？」

などの**会話の意味や目的を追求しすぎる表現は嫌われます**。

気軽にラフに肩の力を抜いてキャッチボールを楽しんでいる感覚を大事にしてください。

ii 共感する

まず共感されて嬉しくない人間はいないでしょう。共感することによって、相手の承認欲求を満たすことができたり、相手から「この人、相性いいかも！」と判断してもらいや

すくなります。

「確かに僕もそう思う！」

「それはそのとおりだよね」

「俺もこの料理、頼みたいと思ってた！」

「俺もその色が好きだな」

「○○ちゃんのその考え方にはめちゃ共感できるよ！」

と、相手の意見や考え、趣味嗜好に共感を示していきましょう。

■ワンポイント

相手が言いづらい話や、自分だけの悩みなどを話してくれた場合こそ、「じつは俺もそう思うことある」「わかるよその気持ち」と深く共感してあげれば、よりあなたに対する信頼感は増し、好意を持ってくれるでしょう。

iii 興味を持つ

ちょっと想像してみてください。

あなたの趣味や職業が女性ウケしなさそうだとしましょう。

それに対して、女性から

「え？　ゲームが趣味なんですか？　大人のゲーマーはちょっと……」

「SE？　あー　システムエンジニアの方ですか？　SEの人って静かそうですよね…」

とか言われるより、

「ゲームってやりだすとはまっちゃいますもんね！　今どんなゲームやっているですか？　見せて見せて！」

「SEさんって、プログラミングとかもできるんですか？　具体的にどんなものをつくられてるんですか⁉」

と、興味を示してもらえたほうが、その女性に好感と興味が湧くはずです。

つまり、**相手に興味を持つことで、相手に喜んでもらえることができますし、相手からもあなたに興味を持ってもらいやすくなる、いわゆる興味はブーメラン**なんです。

■ワンポイント

そのために、あなたも、女性の話すべてに興味を持って、興味を示しているのが伝わるような会話をしていく必要があります。その方法として、他の川瀬流トーク８選を掛け合わせるといいでしょう。

女　性「最近、ゴルフにハマっているんです」
あなた「おー！　素敵！」（テンション・リアクション）
「ゴルフにハマっているんですね！」（バックトラック）
「女性がゴルフするのって、めっちゃかっこいいですよね！」（褒める）
「じつは僕もゴルフ始めようと、レッスン受けようか迷ってたんです」（自己開示）

こんな感じで、常に8選のいくつかと絡めると、相手に「心からの興味」が伝わります。
3Kである「肯定」「共感」「興味」をマニュアルチックに使用するのではなく、ぜひ、なぜそれらが大切なのか、しっかり理解して使っていってくださいね。

川瀬流トーク8選

その7「共通点探し&合わせ」

あなたは、たまたま出会った人と、同じ出身地だったり、同じ大学だったり、仲のいい友人が共通の友人だったり、何かしらの共通点がある人に出会った時、親近感を抱いた経験が一度くらいあるのではないかと思います。

共通点があると、一気に自分と相手との距離感が縮まりますよね。

その効果を出すために、女性との会話中に、何かしらの共通点がないかを探してください。いろんなものが共通点になりえます。

自分の出身地、親の出身地、名前に使われている漢字、昔の部活、今の趣味、昔の趣味、好きなタレント、好きな映画の種類、好きなペット、寝る時間、起きる時間、睡眠時間、休日の曜日、仕事の始業時間、終業時間、等々、挙げたらきりがありません。

ほんの小さな共通点でいいので、それをスッと拾って、「それ僕も一緒です！」と共通点であることを伝えるようにしてください。

①共通点はつくるもの！

また、いろいろ話をしても、まったく共通点が見つからない、という場合があります。

共通点がないからって、その人とうまくいかない、相性がよくない、と思う人がたまにいますが、それはまだまだ決断が早すぎます。

共通点がないなら、共通点を半ば強引に合わせたり、つくってしまえばいいのです。

どういうことかというと、女性が選ぶ傾向にある趣味や好みなどを事前に把握して、自分もそうなってしまうという方法です。

例えば、マッチングアプリや結婚相談所など、相手の女性のプロフィール欄に、わざわざ女性自らが、自分の趣味や特徴、性格、異性に求めるものなどを公開してくれています。これは宝の山なのです。

マッチングアプリは、無料ですぐ始められて、無料の状態でいろんな女性のプロフィールを見ることも可能です。そこでひたすら女性の研究もできるんです。

女性の趣味や好みで多いものは、旅行、料理、映画、ファッション、グルメ、音楽、カフェなど、だいたい傾向が似てきます。

言ってしまえば、あなたがすべてをある程度かじってみて、あなたの趣味にしてしまえばいいのです。そのためにどんどん行動してみてください。きっと話す話題が一気に増えて女性との会話が楽しくなるはずです。

②美味しいものを食べる行為は高確率の共通点

どの趣味を女性と合わせようか迷うなら、**「美味しいものを食べるのが好き」という女性に合わせていくのがとても簡単**です。女性は本当においしいものを食べるのに喜びを感じています。「それ以外楽しいことないのかよ！」と思うほどです（笑）。

ですので、あなたはいろんなお店に食べ歩きに行く習慣をつけるといいと思います。「食ベログランキング」と検索すればたくさん出てきますし、ＴＶ番組でやっていた話題のお店に行ってみたり、インスタグラムで著名人がシェアしているお店に行ってみたり、食事に詳しくなることで、デートに誘いやすくなります。

川瀬流トーク８選

その８「ユーモア」

さあ、いよいよ最後８つ目は「ユーモア」です。

ユーモアのある人は、やはり女性が一緒にいて楽しいものです。

ただ、女性を楽しませるために、「面白いことを言え」ということではなく、ユーモアがある人というのは、楽しい空間、面白い空間をつくれる人のことだと理解してください。

①女性を楽しませようとする気持ち

そのために大切なことは、**あなたが女性とデートに行く時、一番意識しなければいけないのは、「相手を楽しませよう」「どうやって楽しんでもらおうか」という気持ち**です。

男磨きワーク

あなたが一緒にいて楽しい人はどんな人ですか？
どんな特徴がありますか？

◉

◉

◉

さぁ、いくつ出たでしょうか？

男磨きワーク

では次に、女性の意見をまとめた結果、一緒にいて楽しい男性の特徴を挙げていきます。それと同時に、5段階評価で自己採点してみてください。

◉一緒にいて笑顔が多い……………………5　4　3　2　1
◉明るくテンションが高い……………………5　4　3　2　1

●リアクションが大きい……………………5　4　3　2　1
●自分がすることを、同じように一緒になって楽しんでくれる　5　4　3　2　1
●聞き上手……………………5　4　3　2　1
●よく笑ってくれる……………………5　4　3　2　1
●ノリがいい……………………5　4　3　2　1
●声が大きい……………………5　4　3　2　1
●女性をリードできる（楽しい場所や楽しい気持ちにグイグイ引っ張れる）　5　4　3　2　1
●女性が行きたいところに文句も言わずついていく……………………5　4　3　2　1
●楽しいデートプランを計画し提案できる……………………5　4　3　2　1
●デート中にワクワクドキドキさせてくれる……………………5　4　3　2　1

②ディズニーランド理論

いかがでしたか？

デートの話はまた後述しますが、一緒にいて楽しいと思われる男性は、ただなんでも一緒に楽しんでくれるというだけではなくて、**いかに女性を適度にリードできるかが重要な**

ポイントになってきます。

僕はよく、女性が一緒にいて楽しいと思える男性像のひとりに、**ディズニーランドのお兄さん**を登場させることがあります。

ほとんどの女性が大好きで楽しめる空間、それがディズニーランドですよね。現実を忘れさせてくれるあの非日常空間で、思う存分はしゃぐのが女性です。

だから、僕らが**見本にすべき男性像は「ジャングルクルーズの船長お兄さん」**です。

お兄さん「さぁ、冒険の旅に出発だ！」

女　性「楽しみー！」

お兄さん「危ない！　ふせてー！」

女　性「キャー！」

もう想像するだけで、女性は楽しそうです。

そのお兄さんの素敵なところは、「一緒になって楽しんでくれる」だけではなく、「女性をワクワクドキドキさせてくれる」「楽しい世界へリードしてくれる」、このふたつがポイントです。

僕はこれを、**ディズニーランド理論**と呼んでいます。

反対に、女性が一緒にディズニーに行ってもつまらない男性陣の特徴を挙げてみると、

◉夢の国の中でクールな表情や態度、楽しめきれていない
◉ミッキーやミニーがいても、「どうせ中には人が入っている」と冷静で最低な言動
◉一緒に乗り物に乗っていても、テンションやリアクションが低い

このような男性は、絶対にモテませんよね。あなたはこんな男性になってはいけません。

あなたは**目の前の女性を楽しませることができるエンターテイナー**になってください。

【川瀬流トーク８選】習得の仕方

もしあなたが、女性との会話に自信がなかったり、これまでのトーク８選を読んで、今まであまり意識していなかったとしたら、簡単にすぐ習得できるものではないでしょう。

だからこそ、**何事も訓練が必要**なんですよね。

では、どこでトークの訓練をすればいいと思いますか？

サラリーマンは、人生の7～8割を職場に捧げています。例えばあなたが、

◉仕事中はずっとパソコンとにらめっこ

◉工場でずっと作業しているだけ
とか、働いている時間に人とコミュニケーションがとれていない場合は、正直、トーク力やコミュニケーション能力が上がることはなく、むしろ落ちていってしまいます。
その状況で、たまに週末女性とデートに行ったとしても、
◉会話が続かなかったり
◉とりあえず「これを聞かなきゃ」とmust感で会話をするしかなかったり
◉そもそも楽しく会話することができなくなったり
になってしまいます。
身体があったまってないのに、いきなり試合に出ても、結果を出せる確率は下がりますよね。
なので、ふだんから、毎日誰かしらと会話をする機会をつくってください。
◉デパートやショップで、買い物をするふりして店員さんと話してみる
◉タクシーの運転手さんと何気ない会話をしてみる
◉美容院の女性のヘアスタイリストさんと話してみる
こんなふうに、ふだんから人と接して話す機会を増やしていきましょう。
その練習の時に、

◉テンション・リアクションを意識してみたり
◉相手の話を７：３で聞いてみようと意識してみたり
◉共通点を探して、それに対して３Ｋしてみたり

それらの環境を練習の場として、ただ話すだけではなく、女性との会話を意識して話してみてください。必ずやっただけの成果が上がります。

コミュニケーション能力は、上がるか、下がるか、そのどちらしかない。

この言葉を肝に銘じ、どんどん人とコミュニケーションをとっていきましょう！

第5章

働く理由？
モテるために
決まってんだろ！

モテたいなら働け！

早速ですが、
◉あなたは、今あなたがしている仕事は好きですか？
◉毎日、楽しく働き、有意義な仕事ができていますか？
◉日々、自分自身の成長を感じていますか？
◉シンプルに今の仕事に満足できていますか？
どうです？
その満足度に点数をつけるとしたら、１００点満点中何点ですかね？
もし、この点数が50点以下だとしたら、あなたは今モテていないはずです。

モテないのは仕事に対する満足度が低いからだ

これは間違いない、揺るぎない事実です。それにはちゃんとした理由があります。その理由を大きく分けて３つ挙げますね。

①今のあなたの仕事の仕方が、デート中にもしっかり顔を出す

女性はあなたのちょっとした一言からあなたを冷静に分析し、「こいつ、ないな」と判断を下しています。

そのちょっとした一言の共通点は、あなたのネガティブ発言です。

◉仕事の愚痴や不満
◉上司への悪口

から始まり、

◉店員さんへのそっけない態度
◉近くにいるうるさい客への文句
◉タクシーの運転手への横柄な対応

そんなところまでぜーんぶ、くまなくチェックされています。

僕ら男って、人生の7～8割の時間を仕事に費やしていますよね。となると、**今のあなたをつくっているのは、今の仕事環境である**といっても過言ではありません。

あなたの仕事への取り組み方、仕事に対する意識や考え方、仕事中の態度や言動が、女性とのデート中にも、チラチラっと顔を出すわけです。

今の仕事が楽しくて、毎日刺激たっぷりで、日々やりがいを感じ、いい感じの達成感があり、今日も頑張ろうと思える毎日だとしたら、女性とのデート中の言動はポジティブになり、女性からはあなたはイキイキとして見えて、向上心のある魅力的な男性に見えるはずです。

②女性は、仕事のできる男性が大好き

女性は仕事ができる男性を好みます。

その理由をふたつお伝えします。

ひとつは、女性にとって男性は、**「仕事ができる男性＝お金を稼いでこれる男性」**という位置づけなのです。

ほとんどの女性は、素敵な男性との結婚を求めています。

「子供もふたりくらいはほしいな。子供にはできる限り不自由なく好きなことをさせたいな」

そんな理想の結婚生活に欠かせないのは「お金」です。

女性は「あなたの性格に惚れたの」と言いつつも、ちゃーんとあなたのスペックや年収や稼ぎ、資産、将来性、ポテンシャル、才能をしっかりと評価し、見定めています。

それは決して悪いことではないですし、自分が女性だとしたら当然同じようにするはず。

女性が男性に求めるものを理解するには、オスとメスの関係性を思い出すといいです。

オスとメスは生きる目的やGOALが違います。

オスは狩りに出て家族に飯を食わせて、メスはそんな頑張ったオスをいたわる。支えてあげる。それがオスとメスの基本構造です。

だから、強いボス猿のほうがモテるのです。だって、そのほうがしっかり飯も食わせてくれるし、安心だし、そんな強い男にこそ、自分の母性を存分に出してあげたいと思うのがメスの本能だからです。


女性が、仕事のできる男性が好きな理由のもうひとつは、**女性は仕事ができる男性を尊敬しやすい**からです。

僕はよく、「男性が女性より上回っているのは、腕力と壮大なビジョンを描けることだけだ」と言っていますが、僕は多くの女性に、「女性から見て男性のほうが上回っているなって感じるところはどこですか?」と聞いてきました。

そして、その女性たちの意見をまとめてみました。

「女性から見て男性のほうが上回っているなと感じるところ」の回答は大きく分けて3つ。

◉ひとつ目は**集中力**

◉ふたつ目は**冷静さ**
◉そして3つ目は**仕事にかける思い**

それぞれ簡単に説明します。

ひとつ目の「集中力」ですが、女性は、どちらかといえば、多動力が強いというか、いろんな事を同時に進めることができたり、こなすことに長けていますよね。反対に、男性のひとつの物事に対しての集中力、もっと言えばそれをやりきるグリット（GRIT）力＝胆力に尊敬するといいます。だから、何かに集中して取り組んでいる男性は魅力的に映るということです。

ふたつ目の「冷静さ」は、女性は感情中心で「えーどうしよう。どうしよう⁉」と焦ってしまうような時に、男性が「これはこうしてこうしよう。そしてこれはこうだ」と冷静に落ち着いて対応できるところが魅力的だという意見が多かったです。女性と一緒に焦ってしまう男性はダメですよね。

最後の「仕事にかける思い」とは、僕が言う「壮大なビジョンを描けることだ」と同じことです。情熱を持って、野心を持って仕事に取り組む。前へ、高みへ進む姿に惹かれるようです。

③女性はリードしてくれる男性を求める

もし、あなたがまだ一度も彼女ができたことがないとしたら、今のうちに絶対に覚えておかねばならないことは、女性はリードされたい生き物であるということです。

「女性はリードされたい生き物だ」とメモに書くか、身体にタトゥーに入れるかのどちらかにしてください。それほど大切なことです。

ひとつ目の理由で挙げたように、あなたは人生の7〜8割を仕事に捧げているわけで、あなたの仕事に対する姿勢や行動が、今のあなたの魅力をつくっています。

そうなると、あなたがプライベートで女性をリードできる男になるためには、仕事の時間にも同じようにリード力が磨ける仕事をしていなければなりません。

リード力を磨ける仕事とは何だと思いますか？

リードができる人＝「Lead」に「er」をつけて、リーダーですよね。

そう、職場で、あなたがリーダーだったりマネージャーだったり、班長、係長、課長、部長のように、あなたにひとり以上の部下がいる環境こそ、あなたのリード力を養成してくれる環境なのです。

なので、あなたは、これからどんどん出世して、**職場内でリーダーのような存在を目指**

すべきなのです。リーダーになってみないと、人を動かすことの大変さがわかりませんし、それができるようになってくると、女性のことも理解して上手にリードできるようになっていくものです。

恋愛上手は仕事上手だ！

うちのメンバーから、恋愛の悩みだけではなく、仕事の悩みもたくさん聞いてきました。

「仕事上手は恋愛上手」とよく言われますが、まさしく僕もそう感じています。

車で言えば、右輪が仕事、左輪が恋愛、車体の裏でしっかり繋がっています。

僕はメンバーに、**「仕事も恋愛もどちらも爆速で進ませろ」**といった話をしています。

３年間の芸人時代、５年間のサラリーマン時代、３年半のカンボジア起業時代、そして、まさに今も経営者として、毎日最高に仕事を楽しんでいます。

そんな経験を通して習得した、**出世してリーダーになって、結果モテるための仕事術**をお伝えしていきますね。

ホウレンソウだけして出世しろ！

出世するために、絶対に欠かせないものは何か。

ひとつだけ選べと言われたら、僕は《ホウレンソウ》だと答えます。

「報告」「連絡」「相談」ですね。

女性に対しても、ホウレンソウはとっても重要になってきます。

仕事で、ホウレンソウが弱い人は、女性とのデート前、デート中、デート後など、確実にどこかでホウレンソウの欠落を起こし、女性からの評価を下げる場合がほとんどです。

ホウレンソウが弱いと、ほんとはいけるはずだったデートがなくなったり、急なドタキャンを喰らったりします。

川瀬のホウレンソウ

僕のサラリーマン時代の話ですが、当時僕は、上場企業の店舗企画課のリーダーとして、１００店舗ぐらいの飲食店を1店舗1店舗、毎日の売上動向をチェックしたり、前年比が著しく悪い店舗の改善案を毎月提案したり、全国に飛び回って新店舗の立ち上げをしたり、新しい店舗企画を考えたりと、毎日超多忙でした。

そんな中で僕は、僕が所属する事業部のトップである専務取締役の直属の〝何でも屋〟として、いつなんどきでも、専務から「川瀬君いるかー？」と声をかけられてもいいように、社内にいる時は基本ランチに行かない毎日でした。

そして、僕は専務にとってもかわいがってもらっていました。

なんで僕がそこまで専務に頼られていたか、気に入ってもらっていたか、当時、最年少で役員になっていた上司から言われた一言は、「**川瀬は、報告メールのうまさだけで出世してきた**ようなもんだよな（笑）」でした。

そうなんです。

僕は出世するために、上司への報告・連絡・相談、いわゆる《ホウレンソウ》にかなりの神経と時間を使ってきました。

あなたは、《ホウレンソウ》をどこまで大事にしてますか？

また、《ホウレンソウ》がどれほど大事か、あなたはしっかり認識できているでしょうか？

では、あなたが東京にある会社の社長だとしましょう。

大阪にも支店を出そうと、大阪での可能性を見てきてもらうために、２週間ほど社員の誰かに出張に行ってもらおうと考えたとします。

あなたが社長なら、どんな社員を大阪に行かせますか？

きっと、適確な**報告**をくれたり、目の届かないところでもサボらずに定期的に**連絡**をくれたり、大阪の可能性や問題点を**相談**してくれる社員を行かせたいと思うはずです。

せっかく大阪に２週間行かせているのに、あっちから何も報告がなかったり、こっちから「どうだー？」と連絡しない限り音信不通だったり、大阪で何をしているか見当がつかなくなるような社員を行かせるわけはないと思います。

つまり、**出世するには、いかに上司にあなたのことを信頼・信用してもらうかが大切で、その信頼・信用を勝ち取れるものこそ《ホウレンソウ》**なのです。

報告は「事前」「中間」「完了」の3種類

報告には、3つ種類があるのは知ってますか?

◉事前報告

◉中間報告

◉完了報告

この3つです。

「俺はしっかり報告ぐらいできている」という人も、だいたい3つ目の完了報告しかできていません。

なぜ完了報告だけだといけないのか。さっきの大阪出張の例で見ると、あなたが社長だとして、大阪へ2週間出張に行かせた社員から、その大阪にいる2週間、何の連絡もしてこないで、ひとつも報告をしてこないで、2週間後、ノンキに東京に戻ってきたと思ったら、「2週間いろいろ見てまわったり、調査してみたのですが、大阪は可能性が低いと思います」なんて言ってきたとしたらどうです?

ふつーにイラっとしません?

「お前、どうせ大阪でテキトーにたこ焼き食って、グリコと一緒に写真撮って、風俗街の飛田新地を見に行ってただけだろ！」ってなりますよね。

そうならないように、絶対におさえておいたほうがいい報告のポイントをふたつお伝えしますね。

①報告術その1
「あそこ行ってきたか？」に対して「はい！　行ってきました」はアウト

あなたは、上司からの質問に、そのまま答えるだけになっていたりしませんか？

例えばあなたが、上司からの依頼でA社に挨拶に行くよう指示を受けていたとして、上司から「A社は行ってきたのか？」と聞かれたとしましょう。それに対して元気よく「はい！　行ってきました！」なんて答えたりしてませんか？


報告で大切なことは「上司が望んでいる回答を述べること」、言い方を変えれば「なぜ上司はその質問を聞いてきたかを考えること」です。


上司は、あなたがA社に行ったかどうかを気にして、その質問をしたのですか？

それが上司の本当にほしい回答でしょうか？

違いますよね？

上司としては、「A社に行ってきてどうだった？」と聞きたいわけです。

なので、理想の回答としたら、

上　司「A社に行ってきたのか？」

あなた「はい！　行ってきまして、A社の部長に繋いでもらい、また次回会うアポを取ることができました。うちの商品のことを直接見て確かめたいとのことです」

このような回答ができたらいいですよね。

コミュニケーションで大切なのは、相手の脳みそで考えることです。

「上司は何を求めているのかな」と考えて会話できるということは、デート中に「女性が何を求めているのかな」と考えて会話をできることと同じことです。女性とうまくいくためには必要不可欠な思考法です。

②報告術その2

上司からとある仕事を頼まれていたあなた、翌日の朝、

上　司「あの件、どうなった？」

あなた「あ！　あの件は今Ａ社からの折り返し待ちです」

上　司「わかった」

という流れになったとします。

こんな報告はまったくもってアウトです。

このよくありそうな流れで、あなたは何がアウトだと思いますか？

考えてみてください。

正解は、**「上司から先に聞かれた時点で、報告が遅い」**ということなんです。

上司としては、あなたに依頼した立場であり、依頼した内容はずっと頭の片隅に残したり、気にしながら仕事しているものだと思ってください。

そして、頭の片隅に残しておくのが、果たして上司にとって心地いいことなのかを考えてみてください。出したいウンコを出せない感覚です。

心地いいですか？

そんな状況で、上司から「あの件どうなったー？」と発せらせた時は、**すでに上司にとって、ため込んでおける限界を超えた時**なんです。

なので、僕は昔から**上司に「あの件どうなった？」って言われたら負け**だといつも思いながら仕事をしていました。

その一言が出る前に、中間報告として

「部長、先ほど依頼された件なんですけど、今A社からの折り返し待ちになっているので、今日来なかったら、また明日の朝10時に連絡してみます」

このような中間報告をしてくれたら、上司は安心ですよね。

このような中間報告は、女性とデートの約束をする時などにもメチャ重要なんです。

BRIGHT FOR MENの教えでは、デート予定日の4日前あたりに、「○日の約束は予定通りで大丈夫かな？　楽しみにしてる♪」といった確認連絡をすることになっています。

その後、前日ないし当日に、「明日（今日）はよろしくね！　銀座駅のC8出口を出たところで待ってるね！」と、待ち合わせの場所を出口までしっかり伝えて、女性が安心してそこに到着できるようにします。

これらすべて「ホウレンソウ」です。

ぜひ、相手に安心させるための事前報告・中間報告を心がけてくださいね。

マメな男のほうが断然モテますから。

男磨きワーク

あなたは**これから『ホウレンソウの鬼』になりましょう**。
ホウレンソウは「事前」「中間」「完了」です。
その作業をする前に、上司に事前ホウレンソウする必要ないですか？
今あなたが行っているその業務、中間ホウレンソウする必要ないですか？
ホウレンソウするたびに意識的に考えてください。

嫌いな上司を飲みに誘え！

苦手を克服すると
女性とのコミュニケーションもうまくいく

マメで相手目線のホウレンソウを徹底して、社内や上司からの評価を上げていこう、という話をしました。

ただ、こんな声が聞こえてきそうです。

◉そもそも、まともな上司がいないんですけど…

◉上司からボロカス言われる毎日で心が疲弊してます

◉会社のトップがまったく尊敬できない人間で…

◉俺がどんだけお客様目線で頑張っても、課長や部長は自分のことしか考えていない

◉何をやっても上司に評価されなくて辛いっす

どうですか？

あなたも上司や職場のトップに対してこのような不満があったりしませんか？

組織の中に属していると、自分で上司を選ぶことはできないですよね。

仕事に対する悩みの多くは、社内での人間関係やコミュニケーションです。

『嫌われる勇気』（岸見一郎、古賀史健著　ダイヤモンド社）にも、人間の9割の悩みは人間関係だと書いてありますよね。その社内の人間関係で、特に多くの人が苦手意識を持つ相手が「上司」です。

しかし、**苦手な上司とのコミュニケーションがうまくいきだすと、不思議なもので、プライベートの時間にどんなタイプの女性が来ても、上手にコミュニケーションがとれるようになります**。


そして、「このタイプの女子はないな」と勝手に思い込んでいたような女性が、実際はあなたと相性がよかったりしたりする場合があるものです。

要は、**あなたが対応できる女性の幅を広げておくことで、あなたの理想の女性に出会えるかどうかの確率がぐんぐん上がる**ということです。

苦手な上司対策として、一番シンプルで効果的な方法は、**「嫌いな上司を飲みに誘うこと」**です。

逆張りともいえるこの方法には、上司との関係性が円滑にいき、上司に認められ、あなたの評価が上がるための、いくつかの大切なポイントが隠されているんです。

苦手な上司を飲みに誘う――その効果

①上司だってそもそも嫌われたくない

上司だってそんなバカではないので、あなたに対して厳しく当たっていたり、理不尽なことを言っているのはわかってます。後で彼なりに反省していることだって少なからずあるはずです。

そして、そんな厳しいことを言われているあなたが、自分のことを嫌っているだろうなってことも上司は想像ついています。

それでも誰だって嫌われたくないはず。誰にでも承認欲求はあるんです。でも、何かしらの理由でそうせざるを得なくなっているんです。

その時に、**「上司から飲みに誘われたら行く」のでなく、「あなたから飲みに誘う」というのが大事**なんです。

なぜかというと、通常あなたが飲みに誘う時、わざわざ嫌いな人を誘わないはず。あなたが誘われた側だとしても、誘ってくれた人が自分を嫌っているなんて思わないですよね。

要は、第4章でも伝えた通り、**「相手に興味を示す」という行為に繋がる**んです。

上司としても、部下から飲みに誘われたら、単純に嬉しいものです。これは絶対です。

なので、まず**上司を飲みに誘うことで、「僕はあなたをそんなに嫌ってなんかいませんよ！」ってことを伝えることができます。そしたら上司も、あなたに対して見方が変わってきます**。

興味はブーメランですよね。

②上司だって上司なりにいろいろ悩んでいる

どんだけ理不尽な上司だろうが、人間味がゼロの上司だろうが、人の子です。彼なりに何かしら考えているし、絶対何かしら悩んでいます。

上司だって、その上の上司の存在をおそれているかもしれないし、結果を出すようにかなり裏で叩かれているかもしれない。

ここはあなたが大人になって、「上司も上司なりに大変なんだろうな」と理解しようとしてあげることです。

自分に対して、そんな厳しく当たってきたり、無理難題な指示を飛ばしてきたり、全然評価してくれなかったり、それらすべてには理由があるんだと考えることです。

そして、**「上司を飲みに誘う」という行為は、その上司の本音を引き出すことが目的**です。

③上司と腹を割って話す時間が必要

では、どうやって上司の本音を引き出すのか。

それは【川瀬流トーク8選】のひとつ、自己開示を使えばいいんです（第4章で解説）。

相手の本音を引き出すために、上司に自己開示させるためには、どうしたらいいんでしたっけ？　そう、あなたから先に自己開示をするんです。

だから僕は、この方法を実際試した後輩が、上司と飲みに行く前に、こうアドバイスしました。

「いい？　何があっても上司を否定するようなことを言ってはいけない。こんな言葉を使ったらいいよ。『○○課長の指示に対して、結果を出せていなくて本当にすみません。僕も○○課長に認められたいんですけど、なかなか業務がうまくいかず、どうしたらもっと○○課長にとって使える部下になれますか？』と言うといい」って。

このように、
●相手を否定しない
●あなたに認められたいという思いを自己開示をする
●あなたにとって使える部下になりたいという好意を示す
このことによって、上司は徐々にあなたに心を開こうとしてくれます。

「俺も厳しく言ってごめんな」

「部長からの圧力がすごすぎてさ、俺もまじで毎日悩んでるよ（笑）」

「お前はこういう仕事しちゃってるから、こうしたらいいと思うよ」

上司からそんな自己開示やアドバイスが出てくるもんです。

お酒の力を借りて、自己開示しやすくさせているってのも狙いですよね。


このように、上司を飲みに誘うことによって、上司はあなたを理解し、あなたをかわいがってくれるようになります。

ぜひ、「苦手だなー」って思う上司ほど、あなた自身が苦手意識を持っているってことは絶対に見せず、あなたから上司の懐に、ゴロニャーゴと入り込むような意識で頑張ってみてくださいね。

男磨きワーク

あなたが苦手としている上司や、あなたが出世するためにはおさえておかねばならない上司の顔を思い出してください。

そして、今すぐ「仕事のご相談もさせていただきたいので、飲みに連れていってくれませんか？」と誘ってみてください。

伝え上手になり
心を動かせ！

「社内で上手にプレゼンができない」

「お客様にもっとサービスの良さをわかってほしい」

「上司や部下になかなか自分の話を理解してもらえない」

という悩みを持つビジネスパーソン、とっても多いです。

どれだけあなたが、真面目に仕事をしていようとも、ちゃんとしたアイデアや考え方を持っていたとしても、それが相手に伝わらなければ意味がありません。

女性に対しても、自分の思いや考えを上手に伝えられる男性はモテますよね。

伝え方次第で仕事は思いどおり

僕自身はこれまで、
◉お笑い芸人の時は、舞台に来てくれた観客に向けて
◉サラリーマン時代は、部下５００人や上場企業の役員、お客様に向けて
◉カンボジア起業時代には、カンボジア人スタッフ70人含む外国人に向けて
◉今は、BRIGHT FOR MEN で毎月１００人前後の悩める男性に向けて
ずーーーーっと、伝える仕事をしてきました。

人にわかりやすく伝えるには、人の心をつかむにはどう話せばいいか、そんなことばかり考えてきましたし、今もそれが本職です。

そんな僕の経験をふまえ、人にうまく伝える方法を5つお伝えします。

①結論から話す

これはとってもベタなんですけど、話す一言目に**「結論から言う」**こと。

「今日さー、こんなふうになってさ、こんなことがあってさ、あんな人が現れてさ、で、あの男サイテー」みたいな、いわゆる会話自体を楽しむ女性トークをしてしまうと、「で、何が言いたいの？」と聞き手に思わせてしまいます。

なので、「部長、〇〇な問題が起こりました。その原因なんですが…」と冒頭に一番伝えなきゃいけない問題やポイントを伝えることが大切です。

②相手の脳みそになって話す

別の言い方をすれば、**「相手目線で話をする」**ことです。
●今、聞き手は何を求めてるのかな？
●どんな話を聞きたいのかな？

◉どんな気分で話を聞いてるのかな？

◉今、話を聞く余裕があるのかな？　忙しいのかな？

と、**相手の脳みそになるには、相手の表情や雰囲気を見て、何を考えているか予想することがとても重要**です。

例えば、相手が別の仕事に集中して忙しそうにしてるのに、いつもどおりの話し方で始められても、相手は聞く態勢になっていないので話についていけません。

また、忙しいから結論から早く教えてくれっていうせっかちタイプの上司に対しては、ある程度早口で的確に伝えてあげるといいですし、自分が少し早く喋りすぎて、相手が伝わってなさそうな表情や態度をした場合は、話す速度を落とすなどして、相手のペースに合わせる姿勢が大切です。

■**プレゼンのワンポイントアドバイス**

何かプレゼンをしたり、人前で話すときに最も大切なことのひとつは、**一言目を喋り始める前の間（マ）をつくる**ことです。言い換えるとタメの時間が必要です。

人前に立って、何も言わずに2・5秒待つだけで、聞き手の目線が自分に集まります。むしろ目線が集まるまで話し始めないことです。

ほとんどの人が、冒頭のその間をつくれず、いきなり話し出してしまいます。

最初は慣れないかもしれませんが、少しの勇気を出して、人前に立った瞬間、何も話さない2・5秒をつくってみてください。その時、あなたの目線は話す相手全体を眺めるようにし、自分に視線が集中してきたなと思ったら、話し始めてみてください。

プレゼンは何よりも、最初が肝心です。**お笑いでいうと「ツカミ」**ですね。

③具体的に相手が聞く姿勢になる言葉を使う

②をふまえて、「相手が前のめりで、聞く気満々になるような言葉を使う」と効果的です。

「例えば……」

どうですか?

この「例えば」って言葉を見て、グッと読もうという気持ちになりませんでしたか?

「例えば」という言葉は相手にしっかり伝えるうえで必須のワードです。

他にもいろいろあります。

「これだけは伝えておきたいんですが」

「○○ちゃんにしか相談できないことなんだけど」

「彼女をつくる方程式があるんです。知りたいですか?」

などなど、このような言葉を冒頭に使うと、**聞き手の聞く姿勢を前のめりにする**ことができます。

悪い言い方をすれば、聞き手を操ることができるということです。

④非言語コミュニケーションで勝負する

大学の教授の講義を思い出してください。

言っている内容（言語）は、めちゃくちゃ貴重なことなのに、話し方や伝え方（非言語）が自分主体なので、聞き手の耳には入ってこない。ひたすら黒板を見ながら、ぼそぼそと小さい声で話されても、聞く気なくしちゃいますよね。


自信なさげにプレゼンしてくる営業マンと、自信ありげにプレゼンしてくる営業マン、ふたりは同じ内容（言語）を話してるのに、後者の話のほうが優れていると感じてしまう。

このようなことはたくさんあります。

ですので、クライアントに営業をしたり、大人数の前でプレゼンしたり、上司に提案したりする時、自信を持って話すことが、とっても重要になります。**どんな言葉を話そうってよりも、どんな姿勢で話そうのほうがもっと重要**ってことです。

⑤事前練習を徹底する

「自信を持って話す」ために、あなたがすぐできることは、これでもかと事前練習することです。

例えば、来週に大事なプレゼンがあるとしたら、ただ単にプレゼン資料を読み直したり、確認するだけではなく、実際に立って、声に出して、本番さながらの練習を10回以上することです。

身内や友達に、一度そのプレゼンを聞いてもらうのもいいでしょう。事前にいくつか指摘をもらっておけば、本番では自信を持って話せますよね。

僕の芸人時代の同期に、オリエンタルラジオがいます。

吉本興業のお笑い芸人養成所であるNSCの10期生として同期だった彼らですが、その時から「こいつらすげーなー」って思ったことがありました。

多くの養成所芸人が、品川駅の近くの人影が少ないスポットで、漫才やコントの練習をしたりしていて、オリエンタルラジオのふたりも、そこで練習をしている様子を見ることがありました。

今でも印象に残っているのが、夜も遅くなり、周りも真っ暗になり、ほとんどの芸人が帰っていく中、オリエンタルラジオのふたりだけが、彼らの持ちネタである『武勇伝』を、ただひたすらに本腰入れて、キレッキレの動きで、練習し続けている後ろ姿でした。

「あいつらすげーなー。勝てる気しねーなー」って心でつぶやいたことを今でも覚えています（笑）。

吉本芸人の先輩であるキングコングの西野さんも「ひとつのネタの練習を１万回くらいやってきた」とおっしゃっていました。

人前で思う存分笑わせるために、売れっ子芸人さんは、一般の人が想像できないくらいの練習を裏でしているんです。

ぜひあなたも、自信を持って話せるようになるために、芸人バリにどんどん事前練習をすることを忘れないようにしましょうね。

女性を動かす伝え方

伝え方がうまくなるための、この５つのポイントは、女性との会話でも大いに使える方法です。

例えば、女性を口説く時や告白する時など、**具体的に相手が聞く姿勢になる言葉を使う**としたら、

「大事な話があるんだけど」

「ちょっと真面目に話したいことがあって」

のような表現を使うと、

「え？（ドキッ）」

と前のめりにさせることができますよね。

自信を持って告白できるように、事前準備をするとしたら、

◉事前に告白予定のスポットを下見したり

◉告白までのデートプランを細かく書き出したり

◉告白のフレーズを実際に声に出して練習したり

することで、当日テンパらず、なよなよ星人にならず、男らしく告白ができるようになります。

男磨きワーク

人に何かを伝える際、最低でも次の5つを意識しましょう。

i わかりやすく結論から話す
ii 相手がどう思っているか考えながら話す
iii 「例えば…」を多用する
iv 自信ありげに堂々と話す
v プレゼンなどは事前練習を10回する

第6章

3か月で
彼女をつくれ!

彼女の作り方の方程式を
マスターせよ！

あなたが、「童貞を卒業したい」「人生初の彼女をつくりたい」「俺は素人童貞だ」「風俗に行った帰りにカップルを見ると死にたくなる！」のであれば、ぜひこのまま読み進めてください。

もしあなたが、「今まで彼女は2、3人いたけど、もっときれいでかわいい彼女がほしい」「女性から告白してもらうときだけ付き合ってきた」「狙った女性を落とせるようになりたい」「彼女が5年以上おらず、セカンド童貞と呼ばれ始めた」のであれば、改めて、正しい彼女の作り方を知るべきです。

そんな、モテたくて仕方がないあなたに、僕が伝家の宝刀を授けます。

それは、BRIGHT FOR MEN 直伝「彼女を作る方程式」です。その方程式とはこちら！

彼女の作り方＝出会いの数×確率

どうですか？　意外にシンプルで驚きましたか？

でも侮るなかれ、この方程式をしっかり理解すると、あなたが今なぜまだ彼女がいないのか、つくれないのか、その原因分析ができます。

では、これから「出会いの数」と「確率」に分けて詳しく説明していきます。

出会う人数と場所を量産せよ！

まず、出会いの数についてです。

「全然彼女ができなくて」とか言っている人に限って、そもそも女性と出会っていないというオチが存在します。

特に童貞メンバーは、

「いずれ自分にも彼女ができるだろう」

「普通に生活している間に、そんなタイミングが自然と訪れるはずだ」

といった受け身精神、時の流れに身をまか精神、コウノトリが運んできてくれる精神になってしまっている人が少なくないです。

世の中、そんな甘いもんではなくて、まず、自分から女性に出会いに行かないと女性と知り合う機会は絶対に訪れません。

この場合の出会いの数とは、**あなたが能動的に出会いに行った数**であるということを忘れないでください。そのうえで、「出会いの数」というのをもう少し詳しく説明すると、ふたつのカテゴリーに分かれます。

それは、「出会う女性の人数」と「出会う環境」です。

①出会う女性の人数

これはシンプルですよね。

例えば、半年にひとりの女性とデートするより、月に10人の女性とデートしたほうが、あなたにフィットする理想の女性や、あなたのことを好きになってくれる女性に出会える確率は高くなるはずです。

なので、まずシンプルに会う女性の人数を増やすことを考えてください。

あなたの現状にも左右しますが、**１か月で出会う女性の数を今現在に比べて２～５倍を目標**にしてみてください。

②出会う場所

先ほど、能動的に出会いに行く必要があるとお伝えしたとおり、あなたから女性がいる場所に行く必要があります。

では、ここで質問です。女性と出会える場所や環境を、10個書き出してみてください。

男磨きワーク

女性と出会える場所や環境

1
2
3
4
5
6
7
8
9
10

どうですか？　10個となるとなかなか難しかったんじゃないですかね。

でも、出会いの場所を自ら考え出す行為はとても大事で、あなたが能動的に出会いに行く意識が高まります。

過去、うちのメンバーにも同じようにこのワークをしてもらい、出会いの場を絞り出してもらいました。いくつか紹介しますね。

あなたは、これをただ眺めるだけではなく、実際に女性と出会っている自分を想像してみてください。

■出会いの場

職場　習い事　合コン　友人知人からの紹介　ストリートナンパ　街コン　相席屋
デパートの店員さん　ボランティア参加　旅先　同窓会　行きつけの店（店員・常連客）
趣味のイベント会場　社外のビジネス研修　Instagram Twitter Facebook その他 SNS
チャット機能がついたオンラインゲーム　マッチングアプリ　講演会　セミナー
朝活交流会　バー　スポーツバー　プールバー　ダーツバー　ガールズバー
キャバクラ　カラオケ　スナック　映画の試写会　英会話カフェ　アパレル店員
エキストラ募集　フリーマーケットに出店　機内のＣＡ　新幹線の中の売り子さん
Facebook に掲載されているイベント　ボルダリング　大道芸イベント　ファンクラブ
音楽フェス　サルサバー（体験レッスン付き）　盆踊り　ファッションショー
オープンな学園祭　風俗　スポーツ　結婚式の二次会　携帯ショップ　社会サークル
ジム　アミューズメント施設　喫茶店　サーキット　コワーキングスペース　ＢＢＱ

この中に、『ウォーリーを探せ』なみに「風俗」という言葉が混じってて、面白いです。

まだまだ挙げたらきりがありませんが、大切なのはここからです。

ポジショニング理論を理解せよ！

時間にも限りがあるわけですから、ここからは**「どんな場所で出会うと、より効果的なのか」**という話に入っていきます。まずは出会いの場を10個挙げてみます。

グループ1

i 職場
ii 電車の中
iii お料理教室
iv テニスサークル
v キャバクラ

グループ2

vi 合コン
vii 街コン
viii 婚活パーティー
ix マッチングアプリ
x 結婚相談所

では、ここで問題です。

ここに挙げたⅰ〜ⅹを、グループ1（ⅰ〜ⅴ）とグループ2（ⅵ〜ⅹ）に分けたとします。

グループ1と2には、どんな違いがあると思いますか？　考えてみてください。

男磨きワーク

◉ グループ1と2の違いは何ですか？

さあ、あなたはグループ1と2の違いに気づきましたか？

まだ、いまいちわからない人にヒントです。

グループ1より2のほうが、あなたにとって彼女がつくりやすい場所や環境です。


では答えを言いますね。

グループ1と2の違いは、**「女性が出会いを求めているかどうか」の違い**です。

グループ1の場を見てみましょう。

職場、電車の中、お料理教室、テニスサークル、キャバクラ――その場所や環境にいる女性たちは、何を求めてそれぞれの場所にいると思いますか？

職場は仕事をするため、電車の中は移動のため、お料理教室は料理が上手になるため、テニスサークルはテニスを通して運動やリフレッシュをするため、キャバクラは男をうまいこといい気持ちにさせてお金を稼ぐため、です。

そう、言い換えれば、**グループ１の場所や環境にいる女性は、彼氏がほしいからという理由でその場所や環境にいる人が極めて少ない**ということなんです。

続いて、グループ2を見てみましょう。

合コン、街コン、婚活パーティー、マッチングアプリ、結婚相談所――それらの場所や環境にいる女性は、異性との出会いを求めているということです。

もちろん、友達に呼ばれたから「仕方なくー」って感じで合コンに参加しているような女性がいることは事実ですが、街コンや婚活パーティー、結婚相談所などでは、女性もしっかりお金を払っているわけです。暇つぶしでそこにいるわけではありません。

僕は、①と②の違いのことを、**ポジショニング理論**と呼んでいます。

例えば、B子ちゃんがいるとしましょう。

B子ちゃんが渋谷駅から出てきました。早歩きでどこかに向かっています。

C君がB子ちゃんに「初めまして！　何してるの？　暇だったりしない？」とナンパをしています。しかしB子ちゃんは、C君を気持ちいいくらいにシカトしました。


B子ちゃんが足早に向かった先は、渋谷で開催される婚活パーティーでした。

同じ婚活パーティーに参加していたD君が、B子ちゃんに話しかけました。

「初めまして！　Dといいます。よろしくお願いします」

B子ちゃんは、ちょっと緊張しながらも素敵な笑顔で、

「初めまして、B子といいます。こちらこそよろしくお願いします♪」とD君と会話しています。


さて、同じB子ちゃんに対して、フルシカトされたC君と、笑顔で挨拶されたD君。

ふたりの違いはなんだったんでしょう？　C君、D君、どちらも同じルックスで同じ服装で、同じ雰囲気を持った好青年です。それなのに、なぜここまでの差が開いたのか？

ここにポジショニング理論が関係します。

C君は街中で声をかけました。

D君は婚活パーティーで声をかけました。

その違いは、もちろん場所の違いですが、B子ちゃんが「出会いを求めている環境や状況かどうか」が関係していますよね。

B子ちゃんは、急いで婚活パーティーに向かっている最中にナンパをしてきたC君に対して、どう感じたと思います？　おそらく「なんなんこいつ。ナンパしてくるんじゃないわよ、気持ち悪い」でしょう。

では、D君はどうでしょうか。

同じ婚活パーティーで出会い、D君もB子ちゃんも同じく出会いを求めて、このパーティーに参加しています。だからお互い、気持ちよく「初めまして！」と言えるわけです。


ポジショニング理論でいえば、B子ちゃんとD君は、**お互い出会いを求めているという観点で対等のポジション**なのです。

つまり、あなたに覚えておいてほしいことは、同じB子ちゃんだとしても、会う場所や会う環境、B子ちゃんの目的によって、あなたに対するB子ちゃんの反応は、ガラッと変わってくるということです。

なので、あなたが今後「出会う場所の数」を増やそうと思った場合、お互いが異性との出会いを求めているであろう場所や環境で、女性と会うことを心がけてください。

例えば、もしあなたが、1～2年以内には結婚したいとしましょう。

そしたら、誰かしら女性がいるだろうという理由で、ノンキに料理教室とかに通っている場合ではなく、**同じく結婚願望が強い女性がいる婚活パーティーや結婚相談所といった場所や環境で会ったほうがいい**ですよね。

第3章でもお伝えしましたが、**I want ではなく What she wants ?** です。

女性が何を求めているか、彼氏をほしがっている女性はどこに現れるのか、結婚願望が強い女性はどこに行くだろうか……そういった相手目線で考えて、女性と出会う場所を増やしていってくださいね。

それらの理由から、BRIGHT FOR MEN では、

あなたが能動的に出会いに行ける場所 × 出会いを求めている女性がいる場所

という数式から、

i　**街コン＆婚活パーティー**

ii　**マッチングアプリ**

iii　**結婚相談所**

これを**出会いの三種の神器**として、集中的にメンバーに教えています。

出会いの三種の神器については、別の場所でまたじっくり！

選ばれる確率を上げろ！

続いては、**彼女の作り方＝出会いの数×確率**の**「確率」**についてです。

この方程式を野球で例えたらわかりやすいでしょう。

彼女をつくることは、野球でいえば、ヒットを打つこと。

出会いの数とは、野球でいえば、バッターボックスに立つ数。

確率とは、野球でいえば、ヒットを打つ確率。

あなたがどれだけバッターボックスに立ったとしても、持っているものがバットではなく爪楊枝だったら？　一生ヒットは打てないですよね。

打率の高いスーパースターといったら、イチロー選手が思いつきます。

男磨きワーク

あなたが、イチロー選手にインタビューをするとしましょう。

「イチローさん、あなたはなぜここまでヒットを量産できたと思いますか？」

と質問を投げかけたとしたら、イチローさんはどう答えると思いますか？

〈イチローさんの回答〉

◉

さて、イチローさんはどう答えるでしょう。おそらくこういうふうに答える気がします。

「ただ、人より多く練習をしたからです」と。

男磨きワーク

では、彼女をつくるうえで、練習は何に当たりますか？
試合は何に当たると思いますか？
練習＝
試合＝

さて、どんな回答が出たでしょうか？

僕がうちのメンバーに伝えているのは、練習とはシンプルに「男磨きをすること」で、試合とは「合コンや婚活パーティー、デートなどの女性と会うリアルの場」のことです。

もっとわかりやすく説明すると、あなたが女性とのデート（試合）で結果を出すためには、デート以外の時間に、いかに男磨き（練習）をしているかによるということです。

例えば、1か月に1回のペースで、あなたが新しい女性と約2時間のデートをするとしましょう。あなたは、1日何時間くらい起きていますか？　睡眠時間が7時間だとすると、

1日17時間は起きていますよね。そうすると、1か月でざっくり500時間ほど。

つまり、あなたは、1か月2時間のデート（試合）で結果を出すためには、起きている500時間の間に、いかに男磨き（練習）をしておくかが勝負を決めるということです。

例えば、「デート中は、テンション・リアクションを意識して、笑顔で明るく、女性の話を聞くことが大事」とあなたが知ってたとしても、ふだんから、テンションやリアクションが低い男性が、初対面の女性の前で、テンション・リアクションが上げられますか？

おそらく無理です。ふだんから、起きている500時間のうちに、「相手の話を聞くとき、テンション・リアクションを意識して、笑顔で明るく聞いてあげる訓練」をしておく必要があるということです。

当たり前のようですが、**デートの時だけ頑張ろうとする男性は意外に多い**んです。


この本でお伝えしている根幹のひとつは、第1章からずっと、ふだんのあなたの生活に変化を促すための話でした。

あなたの勝算を最大限に高めるために、この本をただの読み物にするのではなく、「男磨きの実践ノート」として捉え、ガシガシ書き込んでいったり、ふだんの生活にアウトプットしていってくださいね。

今の自分の戦力を知っておけ！

これからあなたは、あなたの理想の彼女をつくりにいくわけですが、そもそも、今のあなたの実力、今のあなたのレベルがどのくらいか、自分自身で把握していますか？

BRIGHT FOR MEN には、現状のレベルをチェックできる簡単なシートがあります。その名も**モテる男のチェックシート21**です。このシートは、５００人以上の女性の声を集めて作成したものです。早速やってみましょう。

男磨きワーク

次の21項目について、今のあなたの自己評価をしてみてください。それぞれの項目について、あなた自身を振り返ってもらい、○△×の3つで、素直に今のあなたを評価してみてください。

1. 紳士的である
2. ギャップがある
3. 気遣いができる
4. 話し上手
5. 聞き上手
6. 褒め上手
7. 肉食
8. マメ
9. ポジティブ思考
10. ビジョンがある
11. 笑顔がさわやか、大きく笑える
12. 自分に自信がある

13．面白い、ユーモアがある
14．ストーリーを持っている
15．清潔感がある
16．姿勢がいい
17．行動力・決断力がある
18．余裕がある
19．小さいことを言わない
20．感謝や謝罪が言える
21．オシャレである

各項目の意味をいくつか補足すると、

7．肉食――ふだん肉を食う男、ではなく、いわゆる肉食系男子のことを言います。女性に対して積極的に自分をアピールできたり、どんどんデートの誘いをしたり、女性をリードできるか、という点です。

10．ビジョンがある――ビジョンがあるというのは、人生の目標だったり、夢だったり、あなたが将来なりたい姿を持っているかどうか、そして、それに向かって行動をしているかどうかです。

14．ストーリーを持っている――あなた自身の歴史の中に、普通の人ができない経験をしてきたり、つらい過去を乗り越えてきていたり、いわゆる波乱万丈な人生だったかという点です。波乱万丈な人生を送ってきた男性は、高い経験値を持っていたり、人間としての深みがあったり、懐が広かったりします。

20．感謝や謝罪が言える——例えば、あなたが会社員だとして、お客様に感謝が言えたり、謝罪が言えたりするのは当たり前です。そうではなくて、ふだんの何気ない瞬間に、どんな相手にも分け隔てなく、感謝や謝罪が言えるかどうかです。

例えば、コンビニの店員さん、牛丼屋の店員さん、タクシーの運転手さん、居酒屋の店員さんへの「ありがとうございます」などです。

さあ、21項目をすべて○△×でチェックできましたか？

その結果をふまえて、あなたをＡＢＣＤＥの5段階評価してみましょう。もちろん、Ａが一番高い評価となります。

○△×をつけ終わったら、○△×の数をそれぞれ数えてみてください。

21項目、すべてが○の人は当然Ａクラス男子です。18個以上が○、その他が△の人は、Ｂクラスです。

さて、あなたの×の数はいくつでしたか？

×がひとつでもついていると、あなたはＣ以下の男性となります。

×が3個あればDクラス。×が5個以上あれば、文句なしでEクラス男子です。

以上のことをふまえて、ちょっと、女性目線で考えてみましょう。

男磨きワーク

Aクラスに君臨する女性は、どんなレベルの男性を好むと思いますか?

ABCDEの5段階でお答えください。

◉

いかがですか?

これと同じ質問を、BRIGHT FOR MENのセミナーに参加してくれた男性に聞くと、ほとんどが、「自分と同じかそれ以上の男性を求めそうだ。だからA以上」と回答します。

確かにそうでしょうね。ここで僕の意見を補足すると、Aクラスの女性に対して、Bクラスの男性が積極的にアプローチしたら、「ま、いっかな。そこまで思ってくれるのなら」とAクラスの女性をGETできる可能性はおおいにあると思います。Cクラス以下の男性は残念ながら可能性ゼロです。

ということは、どの男性も気に入るであろうAクラスの女性を自分の彼女にするなら、あなたがＡかＢクラスの男性でなければいけないってことです。

今まで、あなたに数人彼女がいた経験があったとしても、短期間ですぐに別れたり、本気で好きっていう感情が薄いまま、なあなあで付き合っていたり、もっと理想の彼女がほしい、誰もがうらやむ彼女をつくりたい、と思うのであれば、あなたもＡやＢクラスの男性を目指すしかありません。


大丈夫です。日々男を磨き続ければ、必ずいけます。

だって、モテる男の共通点の21項目をもう一度見てみてください。

超イケメンとも、高身長とも、高学歴とも、高収入とも、書いてありませんよね。外見や元々のポテンシャル、大幅に改善できないようなことは、入ってないんです。逆に、21項目すべて、あなたの努力次第で○に変わるものばかりです。

ただし、**自分の力だけで、すべて○にするのは無理**でしょう。

第１章の「出会いと環境を変えろ！」でも述べましたが、あなたひとりで頑張るのでなくて、**「誰とつるむか」「どんな環境にいるか」**がとても重要です。ＲＰＧゲームでもそう、強い仲間をそばに置かないと、あなたは大幅には変わりません。ぜひ、出会いと環境を変えて、ＡクラスまたはＢクラスの男性を目指しましょう。

「脱！『面食い』をせよ！

ちょっとここでも、ＲＰＧゲームの話をします。ＲＰＧゲームのＧＯＡＬは何ですか？

そう、ラスボスを倒すことですよね。では、恋愛において、ラスボスは何に当たりますか？

そうです。**ラスボスは、あなたの理想の彼女**となります。

もしあなたが、今はまだ童貞だとしたら、彼女が長い期間いないとしたら、自分の評価がＤかＥだとしたら、いきなりラスボス（理想の女性）を倒せないですよね。ラスボスを倒すまでの経験値をためないと、です。

なので、まずは、健気にスライムを倒しましょう！　スライムを倒したら、次はメタルスライムを倒しに行き、そうやってどんどんレベルを上げていけばいいんです。

まわりくどい言い方をしましたが、童貞諸君にシンプルに言うと、**「まずは面食いをやめろ！」**ってことです。

気持ちはわかります。でも僕だって、大学生の時に一番最初に抱いた女性は、出会い系サイトでテキトーに繋がった女の子で、「とんでもない」って言ったら失礼ですけど、まぁとんでもなくかわいくない子でしたから（笑）。

うちのメンバーにもよく言うのですが、かわいい子とデートしたいって気持ちはめっちゃわかるんですけど、**かわいい子とデートすることが目的なのか、そのかわいい子と付き合うのが目的なのか、どっちかってことを考える**ように言っています。

まだ女性との会話レベルが低かったり、全然オシャレじゃなかったり、デート中のノウハウを知らない状態で会ったところで、100億%、2回目にはつながりません。

なので、**最初は外見ファーストではなく、経験ファースト**。多くの女性に会って、あなたが女性との応対に慣れることが最優先です。

そして、今まで彼女がいたことがない人にとって、「まずお付き合いする」という経験はとっても大切です。だって、付き合ってもすぐフラれてしまっては、意味がないですからね。

女性は顔じゃないですよ！

スタイルじゃないですよ！

この際言ってしまえば、最初は女性であればOKじゃないですか！

別に日本人女性じゃなくても、カンボジア人女性でもいいじゃないですか！

いいじゃないですか、まずは誰だって。

って、ちょっと好き放題言いすぎましたけど、あなた自身が自分のことを面食いだって判断していたり、理想の女性を追い求め続けているせいで、今までずーーーーーっと彼女をつくれていないとしたら、

◉まずは選びすぎず、デートの経験を増やす

◉サクッと最初の彼女をつくる

ってのも、とっても大切なことだってことを覚えておいてくださいね。

願望を具体的目標に変えろ！

うちのセミナーに参加してくる男性陣に、僕はいつもこんな質問をします。

「今日は何を目的に来られたんですか？」と。

すると、「彼女がいない期間＝年齢を早く卒業したくて」「30も過ぎたし、そろそろ結婚したいと思いまして」「学生時代から、ずっと彼女ができないので……」「前の彼女にすぐフラれてしまい、新しい彼女がほしくて」などと答えてくれます。これを読んでいるあなたも、きっと同じような思いがあるはず。

じゃあ、あなたに質問です。

男磨きワーク

童貞を卒業したいあなた、そろそろ結婚をしたいあなた、5年ぶりに彼女をつくりたいあなた、元カノよりキャワイイ彼女をつくりたいあなたへ。

それは、具体的に、いつまでに達成するか決めていますか？

◉

どうですか？　あなたは具体的に、いつまでに彼女がほしいか決めてましたか？

あなたが職場にいるときは、何かしら具体的な目標設定がされているはずです。

今月の売上目標はいくらか、今年の予算はいくらか、今月のノルマは何件か、明日の何時までに資料を提出しなければいけないか、などなど。

では、プライベートではどうですか? 「そろそろ彼女ほしいなー」「キャワイイ子と付き合いたいなー」というのは、単なる願望なんです。

目標と願望は違います。目標にあって、願望にないものはなーんだ?

それは、数字です。要は、**願望×数字=目標**なんです。

だから、ここでサクッと決めてしまいましょう。あなたがいつまでに彼女をつくるかを。

といっても、「明日仕事が休みだから、今日中に彼女をつくって、彼女と家でチョメチョメしまくりたい」という目標は、ちょっと過酷すぎますよね。

なので、BRIGHT FOR MENでは、特に、今まで彼女がいたことがない、5年以上彼女がいないといった、いわゆる**童貞やセカンド童貞の方に対しては、3か月後を目安に彼女をつくる日付を設定する**ようにお伝えしています。

理由としては、うちのメンバーのデータで、3か月前後で彼女をつくる確率が一番多かったからです。もちろん、「今まで彼女がいなかった」という男性も、1か月以内に彼女ができる人だっていますが、それはたまたまです。野球でいったら、ポテンヒットです。

過去に、たまたまラッキーで付き合えた童貞メンバーたちが、自分の戦力やレベルが上がっていないまま付き合ってしまい、すぐフラれてしまうケースを、僕は何人も見てきました。

あなたは、毎回ポテンヒットしか打てないバッターになりたくはないですよね？　狙いを絞り、狙ったボールを狙った方向へ、思いっきりかっ飛ばしたいでしょ？

「この子マジで素敵だ」という理想の女性を、あなたが狙いどおりに射止めるには、それなりの練習期間、あなたを磨き上げる時間が必要です。

ということで、これからあなたが彼女をつくる日を決めます。

男磨きワーク

①今日は何日ですか？　　年　月　日

②今日から３か月後の日付を書いてください。彼女ＧＥＴ目標日　　年　月　日

さあ、書けましたか？　心の中でその数字を意識できましたか？

一度決めたら、ここからがスタートです。

彼女GET日から逆算しろ！

例えば、今が1月1日だとしましょう。3か月後の4月1日までに彼女をつくるとします。

となると、あなたの彼女になる人とは、あなたはいつ頃出会えばいいと思いますか？

それを逆算思考で一緒に考えていきましょう。

BRIGHT FOR MEN では、**３回目のデートで告白する**ということを推奨しています。

その理由としては、1、2回だと、まだ相手があなたという人間を知るには時間が足りないだろうし、逆に、5回、6回と告白もせずにただデートだけを続けても、あなたはその女性と単なる友達関係になる可能性もあるし、相手が素敵な女性なら、あなたがズルズルしてると、他の男性に取られる可能性もあるからです。

ということで、ここでも3回目のデートで告白するとしましょう。

そうすると、**「告白する３回目のデート予定日（彼女ＧＥＴ日）＝４月１日」**となります。

また、1回目から2回目、2回目から3回目のデートまでの期間は、お互いの予定が合う合わないがあるので、2週間くらいみておきましょうかね。

そうすると、2回目のデート予定日＝3月14日となり、1回目のデート予定日＝3月1日となります。

さらに、3月1日に1回目のデートをするには、その女性といつ出会わなければいけないと思いますか？

あなたが、街コンや合コンで女性と出会うとすると、1回目の10日前ぐらいには出会っておきたいですね。あなたがマッチングアプリをやるにしても、そのぐらいの時期にまずマッチングしておきたいです。

そうなると、**今が1月1日の設定で「あなたの未来の彼女と初めて接点を持つ予定日＝2月18日」**となります。

今は1月1日、それまでの期間は約1か月半。つまりこれから1か月半の間に、あなたは彼女候補の女性と会わないといけないんです。

こんな感じで逆算すると、イメージが現実になっていきますよね。

もちろん、あなたがこれから行く出会いの場で、素敵な女性をデートに誘えなければいけないですし、あなたがたまたま最初にデートに行った女性と、スムーズにうまくいくかどうかはわかりませんし、これから出会う一番最初の女性が、「これは運命だ！　この子と付き合いたい！」となるのは、なかなかの確率ですよね。

なので、あなたは他にも数名の女性と並行してデートに行くことになりますね。そのために、あなたはこれから、出会いの場を増やし、出会いの場の攻略の仕方を学ばなければいけません。

【理想の彼女をつくる7ステップ】を踏め！

さあ、いよいよこの本の総まとめに入ります。
理想の彼女をつくるための具体的なステップをお伝えしていきます。
あなたに理想の彼女ができるまで、一段一段確実に登っていくための順番です。

理想の彼女をつくる7ステップ

i　彼女をつくる方程式を理解する
ii　具体的な目標を決める
iii　内面のメンタルを磨く
iv　外見を磨く
v　コミュ力、トーク力を磨く
vi　出会いの数を増やし、出会いの場を攻略する
vii　デート力を磨く

では、まずはひとつずつ説明していきましょう。

i 彼女をつくる方程式を理解する

ii 具体的な目標を決める

このふたつに関しては、この第6章ですでにお伝えしましたよね。

彼女をつくる方程式は、**出会いの数×確率**でしたよね。

今一度、その項目を読み直してみてください。

◉何よりも出会いの数を増やさなければ意味がない

◉男を磨くことによって、あなたが選ばれる確率を上げなければいけない

◉願望で終わらせることなく、彼女をつくる具体的な日付を決めて戦略的に取り組むでしたね。

iii 内面のメンタルを磨く

この3ステップ目は、第1章で解説した内容です。

第1章に戻り、流し読みせず、ひとつひとつ確実に理解していってください。

男磨きワークにもしっかり取り組みましょう。

iv 外見を磨く

こちらは第2章でお話しました。外見を変えて自信をつけるためのファッションのポイントなどを改めて復習して、早速実践してみてください。

v　コミュ力、トーク力を磨く

これは、第3章、第4章、第5章の内容です。

まず、第3章にあるように、コミュニケーションの基本を理解して、第4章の【川瀬流トーク8選】を理解します。

そして、第5章にあるように、職場でのホウレンソウや伝え方があなたのプライベートにも影響します。

今のあなたの7割以上の時間を使っている仕事への取り組み方を変えることで、あなたのプライベートも充実していきます。第3章、第4章のノウハウを仕事の場でも駆使していきましょう。

vi　出会いの数を増やし、出会いの場を攻略する

6ステップ目は、彼女をつくる方程式である「出会いの数×確率」にのっとり、「出会いの数をいかに増やすか」、そして「出会いの場をどう攻略するか」です。

ここで**出会いの三種の神器**の攻略法が登場します。
これについては、最後の「あとがき」をお読みください。

vii デート力を磨く

7ステップ目は、ズバリ「デート力を磨く」です。
あなたが月に100人とデートしても、彼女ができるとは限りません。すべてが1回目のデートで終わってしまわず、2回目、3回目と続くためには、デートというものを理解し、デート力を磨き、デートを制する必要があります。
こちらも最後のあとがきで。

さあ、改めて整理しましょう。

理想の彼女をつくる7ステップ

i 彼女をつくる方程式を理解する ⇩ 第6章
ii 具体的な目標を決める ⇩ 第6章
iii 内面のメンタルを磨く ⇩ 第1章

iv **外見を磨く**⇩第2章
v **コミュ力、トーク力を磨く**⇩3章、4章、5章
vi **出会いの数を増やし、出会いの場を攻略する**⇩あとがき
vii **デート力を磨く**⇩あとがき

ここまでしっかりと読み進めてくれたあなたは、本当に素晴らしいです。

そんなあなたの隣に理想の女性が座るその日は、きっと訪れます。

今はまだイメージできないかもしれません。それでいいんです。だって、今ようやくあなたはスタート地点に立ったところなんですから。

ぜひ、この本でお伝えした、できる男の考え方、外見チェンジの具体的方法、コミュニケーション術、川瀬流トーク8選、出世する仕事術、そして、彼女をつくるための7ステップどおりに、一歩一歩、失敗を楽しみながら、ポジティブに進んでいってください。


まえがきで述べたように、この本の存在意義は、自分自身に自信を持ち、毎日をイキイキ楽しく生きる日本男児を増やすことです。

今まで彼女ができたことがない人、理想とは遠い恋愛をしてきた人、なかなか人生がう

まくいかなかった人が、理想の彼女をGETすることによって、0から1を生み出し、自信を持つことができます。僕が、まず「彼女の作り方」を教えているのはそのためです。

だからこそ、彼女をつくることがゴールになってはいけないんです。

その彼女と「長続きするか」「末永く愛を育み続けられるか」のほうがもっと大切ですし、あなたがもし結婚したとしても、家族を養う力も必要ですし、パパとして、ビジネスマンとして、ひとりの男として、より一層成長していかなければなりません。


男磨きにゴールはありません。

死ぬまで、ずっと磨き続けるものです。これから一生、男磨きです。

「え？　そんなん辛くないですか？」と思うかもしれません。

でも、それが違うんです。この本を通して、あなたの男磨きが習慣化した時、それが当たり前になり、「もっといい男になりたい」と能動的に思うようになります。

そして、自分の成長を日々感じられるようになるので、自分にどんどん自信がついていき、毎日がイキイキと楽しくなっていくんです。

ゴールがない分、あなたはどこまででも行けるんです。だったら、行けるところまでとことん行ってやろうじゃないですか。人生はたった一度きりなんですから。

辛いこともあるかもしれません。

なかなかうまくいかない時期が続くかもしれません。

もういいやって諦めそうになることは一度や二度ですまないかもしれません。

でも、大丈夫です。あなたにはこの言葉がついていますから。

Never Never Never Give up ！

あとがき

本篇にも書きましたが、僕は大学2年生まで、彼女という存在はひとりもおらず、いち早く彼女をつくって童貞を卒業したい！　と大学デビューする計画を立てました。

そのために、僕がとった選択は、高校までの僕なら絶対につるまないだろう、遊び慣れてそうな集団に仲間入りすることでした。

そのために、大学1年の時に、別名「恋愛サークル」なんて言われていた「バレー同好会」というサークルにも入りました。

大学に入ったばかりの時って、新歓コンパという、新入生を飲ませまくるような飲み会が繰り広げられていて、僕はサークルで出会った、とある女性と少し仲良くなり、新歓コンパで酔っ払って潰れかけていたその子を、家まで送ったことがありました。

遊んでる大学生なら、確実に「いただきます♡」の展開であっても、僕は彼女に手を出す勇気もなく、ただ隣にそっと寝ることが精一杯でした。

また、バレー同好会の同じ1年生で、一番人気の女性がいました。大阪出身のチコちゃんです。僕は、可愛い声で大阪弁を話すチコちゃんに興味を持ち、好きという感情も芽生えてきました。

大学1年の夏頃、勇気を出して彼女に告白しようと、彼女に電話をしている時、その空気を察したのか、彼女から言われた一言。

「うち、彼氏できてん！　同じアパートの隣に住んでる社会人の方やねん」と。

僕はその時、衝撃を受けました。

「大学1年なのに、社会人男性と⁉　しかも同じアパートの隣の部屋⁉　どんな展開でそうなったんだよ。ゴミ出しのタイミングとかでナンパでもされたのか？　どんな男なんだよそいつ。チコちゃんがそんな男と付き合うなんて、よっぽどの男なのか？　なんなんだよチコちゃん……」

僕は、告白もしていないのに、初めての失恋を味わいました。

もう人を好きになるような辛いことはしたくない。リアルな出会いで傷つくのは嫌だ。誰でもいいから女性と遊びたい。

そんな感情で沈んでいた僕のもとに、当時現れたのが「スタービーチ」という出会い系サイトの存在でした。めちゃ怪しいと思っていたにもかかわらず、当時チコちゃんに失恋し凹んでいた僕には、もうなんでもなれや的な勢いがありました。

夢中になって、記憶にある限り、スタービーチで42人ほどの女性と会いました。

その中のひとりの女性で、僕は童貞を卒業したのです。

女性との初体験、なにせ挿入する場所もわからない、何から何まで初体験、その時の結果は、卵が先かニワトリが先かじゃないですけど、入れた直後にイッたのか、入れる直前にイッたのか、シンプルに「1秒イキ」でした。

その初体験で何かが吹っ切れた僕は、その後もスタービーチ経由で多くの女性と会い、セックスもちょいちょいするようになり、ある程度の感覚をつかめた僕は、大学2年の時に、人生初の彼女をつくったり、週に4回ほど合コンするようになったり、暇があればナンパに繰り出してみたりと、いわゆる遊んでる男街道にシフトしていったんです。

あの時、大学デビューすると決め、つるむ仲間を変えたという選択が、今の僕をつくっています。だから、あなたにも**これから今までと違う選択をしてほしい**と強く思うんです。


人には全員、物語があります。

今あなたと同じ年齢の男性は、世界に何億人何千万人といるかもしれませんが、あなたにはあなただけの歴史があるんです。誰ひとり同じ人はいないんです。

あなたが生まれてきた家庭環境、親からの厳しすぎる教育、親のいない環境、あなたが受けてきた些細ないじめから、自殺も考えるほどの大きないじめ、忘れたい辛い過去、外見のコンプレックス、こんなに悩むのは自分だけだろうというあなたの切実な悩み、などなど、あなただけの物語が、今のあなたをつくっています。

辛かったでしょう。いっぱい悩んできたでしょう。「もういいや」って何度も妥協したり諦めてきたでしょう。

でも、それでも、今あなたはこうして、僕の本を読んでくれている。その選択と行動こそ、まだあなたが、自分の人生を諦めていないってことを証明しているんです。

改めて、数ある本の中で、数あるアドバイザーがいる中で、たとえ偶然でも、僕という人間に知り合ってくれて本当にありがとうございます。

これはまぎれもなくひとつのご縁だと僕は信じています。

だからこそ僕は、あなたを是が非でも助けてあげたい。あなたを今より悪くはさせない、あなたを今以上に悩ませない、僕はそれをここで誓います。

僕でよければ、いつでも頼ってほしい。誰も信用できなくても、僕だけは頼ってほしい。

僕はそれだけの責任を、BRIGHT FOR MEN で背負っています。

もうあなたひとりで悩むのはやめましょうよ。人はひとりでは絶対生きていけないし、人に頼ってこそ人なんだから。

ここに僕のＬＩＮＥのＱＲコードを貼っておきます。本の感想でも、あなたの悩みでも、なんでも送ってきてほしい。

そして、この本を読んで、本気で人生を変えたいと思ってくれているあなたが、今日から最高のスタートダッシュを切れるために、ＬＩＮＥからあなたにプレゼントを贈ります。

それは、第６章の最後にお伝えした、「彼女をつくるための７ステップ」のうち、最後の２ステップについてです。

ステップ６　『出会いの数を増やし、出会いの場を攻略する』
ステップ７　『デート力を磨く』
こちらの書下ろし原稿をあなたにプレゼントします。

本当のことを言うと、「この原稿は本書の次回作として出そう」と出版社さんと話をしていたんです。ただ、最後の最後で、僕は、その原稿を次回作に回さず、今回の読者さんにプレゼントをするという選択をしました。

だって、僕はあなたを変えると約束したわけですし、あなたの幸せを後回しにすることは、やっぱり違うって思ったからです。

実際、この書き下ろし原稿には、たくさんの実践的なマニュアルが詰まっています。うちのメンバー500人以上がこのマニュアル通りに実践し、理想の彼女や結婚相手をGETしています。

そんな結果を出してきたメンバーも、最初はひとりぼっちで寂しい毎日を過ごしてきました。彼らを変えたのは、マニュアル以上に、仲間の存在だったんです。

いざ、

「彼女をつくろう！」

「婚活を頑張ろう！」

と思い立ち、街コンや合コンに行ってみたとしても、神様は、さんざんな結果をあなたに突きつけてくることがあるでしょう、

「もういいや」とそれから出会いの場に行くのが億劫になったり、頑張ろうと決心したのに、ちょっと仕事が忙しくなったりすると、「今週は疲れたから何もしたくない。ゆっくりしよう」と大事な休日を、家でグダグダ過ごしてしまったり、やっぱひとりだと、すぐ妥協してしまったり諦めてしまいがちです。

だからこそ、あなたに必要となってくるのが、仲間の存在なんです。

◉一緒に出会いの場に行ける仲間
◉一緒に恋愛話をし合える仲間
◉「あいつも頑張ってるなら俺も！」とお互い刺激し合える仲間
◉うまくいかなくても慰め合える仲間

そんな仲間の存在があるから、人は頑張れるのだと思います。

もしあなたが、今さら恋愛相談なんてまともにできる仲間がいなかったり、ひとりの恋活に限界を感じ、ネガティブ思考になっていたり、そもそも根本的に友達が少なく、休みの日をひとり寂しく過ごしていたりするなら、ぜひBRIGHT FOR MENに遊びにきてください。

最初から思いっきりフレンドリーで、あなたをお迎えします。だって、こんなタイトルの本を信じてここまで読んでくれたんですから。

僕にとっては、あなたは神様より大事です。
今日から、僕らは仲間です。
戦友のあなたに会える日を、本当に心から楽しみにしています。
僕らの合言葉は、いつだって

今日より明日、いい男

著者紹介

川瀬智広（かわせ・ともひろ）株式会社 GiveGrow 代表取締役

岐阜県生まれ。宇都宮大学卒業後、吉本興業のお笑い芸人養成所であるＮＳＣの10期生として入学。同期はオリエンタルラジオ、トレンディエンジェル、はんにゃ、フルーツポンチなど。

お笑いの道を諦めた後、アルバイトから株式会社第一興商に入社。100店舗の企画責任者や部下500人を束ねる西日本の責任者など、歴代最短出世を果たし、独立を視野に退社。

「これからは東南アジアだ」と初めての海外一人旅に出て、訪れたカンボジアに可能性を感じ、日本に帰らずそのままカンボジアに住み始める。初めて会った現地日本人に騙され無一文になり、死にかけながらも、カンボジアで旅行会社を立ち上げる。自社のツアーを企画し、432名の日本人をカンボジアへ呼ぶ。そこで日本の男性の草食化に気づき、日本に戻り、日本男児向けの事業を始める。自分自身に自信を持ち、イキイキといきる日本男児を増やし、日本の少子化問題、草食化問題に貢献したいと、「男を磨く恋活・婚活学校 BRIGHT FOR MEN」を設立。累計500名以上の男性が入学し、彼らのサポートに日々邁進している。

男を磨く恋活・婚活学校
BRIGHT FOR MEN
https://bmen.jp/

川瀬智広　公式 LINE

童貞の勝算

2019年11月11日　初版　第1刷　発行

著　者　川瀬 智広
発行者　安田 喜根
発行所　株式会社 マネジメント社
　　　　東京都千代田区神田小川町2-3-13 M&Cビル3F（〒101-0052）
　　　　TEL.03-5280-2530
　　　　http://www.mgt-pb.co.jp
カバーデザイン／本文デザイン／カバー写真：小松利光（Pine.inc）
印　刷　中央精版印刷株式会社

ISBN978-4-8378-0494-9　C0030
定価はカバーに表示してあります。
落丁本・乱丁本の場合はお取り替えいたします。